Georg Fraberger
Erfolgreich lieben

Georg Fraberger

Erfolgreich lieben

Wie man ein glückliches Paar wird und es bleibt

Residenz Verlag

Bibliografische Information der Deutschen Nationalbibliothek
Die Deutsche Nationalbibliothek verzeichnet diese Publikation in
der Deutschen Nationalbibliografie; detaillierte bibliografische Daten
sind im Internet über http://dnb.dnb.de abrufbar.

www.residenzverlag.at

© 2019 Residenz Verlag GmbH
Salzburg – Wien

Umschlaggestaltung: BoutiqueBrutal.com
Umschlagfoto: Aleksandra Pawloff
Typografische Gestaltung, Satz: Lanz, Wien
Lektorat: Arnold Klaffenböck
Gesamtherstellung: CPI books GmbH, Leck

ISBN 978 3 7017 3467 2

Inhalt

Vorwort

Eigentlich könnte das Buch »Erfolgreich lieben« den Unter-
titel tragen: »Wie man an Wunder glauben lernt«. Für viele
Menschen ist der Alltag so stressig und sind Beziehungen
derart kompliziert, dass sich eine erfolgreiche Liebe wie ein
Wunder anhört. Überhaupt in Zeiten wie diesen, in denen
wir aufpassen, uns vor anderen nicht schwach zu zeigen, um
nicht ausgenützt zu werden, ist es schwierig, jemandem zu
vertrauen. Für all jene, die noch an die Liebe glauben, ist
klar, dass es die Liebe ist, die einen Menschen dazu bringt,
seine eigenen Grenzen zu überschreiten und das zu erreichen, was einem niemand zutraut. In welche Richtung die
Grenze überschritten wird, bleibt stets unklar, denn die Liebe
beziehungsweise das Fehlen von Liebe kann auch jemanden
buchstäblich in den Wahnsinn treiben.

Mit erfolgreich lieben ist gemeint, dass man etwas Positives erreicht und damit eine Grenze in Richtung Glück
überschreitet. Es ist möglich, harmonische Beziehungen zu
führen, vertrauensvoll auf andere Menschen zuzugehen und
eine intime Liebesbeziehung zu gestalten, zu erleben. Die
Liebe braucht keinen Verzicht und keine Exklusion. Um die
Grenze in Richtung Glück zu erreichen, ist es wichtig, eine

genaue Vorstellung von der Liebe zu haben. Nicht von einer Liebe, die wir als erotisch bezeichnen, und einer anderen, die wir amikal nennen. Es geht um eine einzige Vorstellung von Liebe, als eine Art Grundstimmung, die den Rest der Welt als das erkennt, was er immer gleichzeitig ist: bitter, süß, grausam, herzlich – aber stets liebenswert.

1. Liebe geht uns alle an

Wen fragt man am besten um Rat, wenn es um die Liebe geht? Den Kardiologen, den Psychologen, den Soziologen, den Philosophen oder gar den unverheirateten Priester, der im Zölibat lebt? Man kann alle fragen, denn die Liebe geht alle an und betrifft alles, angefangen von den eigenen Gedanken bis hin zu den eigenen körperlichen Reaktionen sowie den Reaktionen der geliebten Person oder des Umfeldes. Das Thema Liebe zeigt, dass es nicht genügt, sich ausschließlich auf die Gefühle zu konzentrieren, sondern alle Lebensbereiche angeht, mit denen man als Mensch konfrontiert ist. Die Liebe beginnt mit vielen Fragen, die das eigene Ich-Sein ebenso betreffen wie ein Du, welches zum eigenen Ich passen soll.

Bereits in meiner Kindheit war ich zum ersten Mal verliebt, wie die meisten Buben, denke ich. Jedes Mal habe ich mich in diesem beflügelnden Ausnahmezustand gefragt, ob ich genüge. In dieser Situation wurde mir bewusst, dass es nur mich und meine engste Familie nicht störte, dass ich keine Arme und Beine hatte. In der Verliebtheitsphase hoffte ich stets, dass meine Auserwählte ebenfalls von meiner körperlichen Situation unbeeindruckt blieb. Ich ahnte damals schon, dass die Liebe nicht davon abhängt, wie ich im Vergleich zu anderen Menschen bin. Es war nur wichtig, jemanden zu finden, der das sieht, was mich ausmacht. Und das ist nicht meine Behinderung. Als die Liebe anfing, ernst zu werden, begann ich plötzlich, mich mit anderen Männern meines Alters zu vergleichen, und ich bemerkte, dass mein Körper für eine Beziehung eine Rolle spielen könnte. Wie ich heute weiß: Nicht nur mein Körper, sondern jeder Körper spielt innerhalb einer Beziehung eine große Rolle. Ob ich behindert bin oder nicht, war nebensächlich, jedoch verstand ich, dass es wichtig ist, wie Menschen über Behinderung denken – genauso wichtig, wie sie über sich selbst denken. Seit der Pubertät war mir klar, dass die Liebe das Hauptthema in meinem Leben sein würde, und nicht meine Behinderung. Mittlerweile habe ich zahlreiche gescheiterte Beziehungen hinter mir, und eine nicht gescheiterte mit einer Frau, mit ihr bin ich heute glücklich verheiratet und habe eine eigene Familie mit fünf Kindern.

Mir wurde klar, dass ich in der Liebe auf mich allein gestellt bin. Allein im Sinne von ohne meinen Rollstuhl, ohne meine Prothese, ohne Menschen, die mir helfen, wenn ich etwas brauche, sowie ohne andere Accessoires und Statussymbole, wie eine teure Uhr, ein flottes Auto mit hoher PS-Zahl oder ein modisches Outfit. Ich wusste, dass jener Mensch, der mich liebt, nur auf mich sieht, und daher fragte ich mich: Bin ich genug? Nachdem diese Frage für mich außer Zweifel stand, war ich mir sicher: Die Behinderung ist kein Mangel. Dennoch habe ich mich in einer Beziehung als fehlerhaft erlebt. In meinem Rollstuhl bewegte ich mich selbstsicher und schnell, und ebenso schnell tauchten meine Ideen auf und meine Pläne, die ich in einer Beziehung verwirklichen wollte. Deshalb erlebte ich meine Fehlerhaftigkeit anhand der Fragen: Bin ich vielleicht zu viel für eine Beziehung? Was mute ich meinen Frauen zu?

Mit »zu viel« meinte ich meinen Tatendrang in Zusammenhang mit den Umständen, die der Rollstuhl und die Behinderung mit sich bringen. Diese Art von Überforderungen oder auch das Gefühl, fehlerhaft zu sein, kann in einer Liebesbeziehung Druck ausüben. Ich befürchtete, niemals eine Frau zu finden, die mich und meine tausend Wünsche, all das, was mich ausmacht, lieben könnte. Ich hatte die Sorge, entweder unausgefüllte Stunden mit einer Frau zu verbringen, oder, im Gegenteil, sie einfach nur zu überfordern. Und das in einer Zeit, als ich jung war und ich mir selbst schon nach fünf Minuten Reden nicht mehr zuhören wollte!

Heute habe ich Gewissheit und darf sagen: Ja, für meine Frau bin ich weder zu wenig noch zu viel. Nicht nur andere Menschen sind liebenswert, sondern auch ich bin es. Körperlich bin ich immer noch behindert, doch habe ich in mir eine Identität entdeckt, die von meiner Behinderung unabhängig ist. Ich kann mich reich fühlen, ohne viel Geld zu besitzen, sportlich sein ohne viele Muskeln und mich elegant bewegen – auch im Rollstuhl. Ich bin älter geworden, aus Liebe zum Menschen habe ich Psychologie studiert, ich arbeite. Krankheiten oder die Folgen von Behinderung haben mich stets weit weniger interessiert als das, was man überwinden kann, sobald man gefunden hat, was das Leben ausmacht: die Liebe für etwas beziehungsweise zu einem anderen Menschen. Mittlerweile habe ich eine Frau getroffen, die ich liebe. Ich fühle, sie liebt mich auch. Wir leben zusammen und haben mehrere Kinder. Sowohl meine Erfahrungen mit der Liebe als auch das Fach der Psychologie geben mir die Möglichkeit, mich viel mit der menschlichen Seele, mit

Beziehungen und vor allem mit dem Thema Liebe sowie den Sorgen rund um dieses Thema auseinanderzusetzen. Dieses Wissen möchte ich hier wiedergeben.

Die Liebe ist ein Thema, über das zu schreiben nur sinnvoll erscheint, sofern man in diesem Zusammenhang gleichzeitig das, was uns alle antreibt, den Sinn des Lebens und die Zustimmung zum eigenen Körper, berücksichtigt und mit einbezieht. Manche Aspekte lassen sich nicht separat behandeln. Selbst als naturwissenschaftlich orientierter, nüchtern denkender Mensch ist das Thema Liebe relevant, denn die Liebe bestimmt nun mal den Wert aller menschlichen Geschöpfe. Das tut sie, ohne dass unser konzeptgesteuertes Wenn-dann-Denken hierbei funktioniert: »*Wenn* ich genügend Geld hätte, *wenn* ich Arbeit habe, *wenn* ich schlank bin, *dann* ...« – all das kümmert die Liebe nicht. Vielmehr verfährt sie mit uns nach ihrer ganz eigenen Logik. Liebe beinhaltet nicht nur die Frage nach dem Sinn des Lebens, nach dem Wert von Anstrengung oder Arbeit, sie kann mitunter auch die Antwort darauf sein.

Was ist Liebe?

Als Psychologe glaube ich an die Macht der Gedanken und daran, dass menschliche Individuen einen freien Willen haben. Wir sind nicht Sklaven unserer Triebe und Gefühle, sondern wir können durch Gedanken mitbestimmen, was wir fühlen. Geht es freilich um die Liebe, so weiß ich nicht, wie frei wir wirklich sind. Die Liebe macht unfrei, schließlich können wir dem Herzen nicht befehlen, wen beziehungsweise was es mag oder wen/was eben nicht. Jeder Mensch sehnt sich nach Liebe, ganz zweifellos. Doch was ist Liebe?

Liebe ist das Gefühl einer tiefen Verbundenheit und Freude in Bezug auf einen Menschen, Gegenstand oder eine Beschäftigung. Diese Verbundenheit und Freude streben wir an und verbinden damit Vollkommenheit oder auch das Ziel des Lebens. Die Liebe als Freude an körperlicher Berührung findet ihren Höhepunkt in der Sexualität. Sobald die grundlose Freude an einer Person verbunden ist mit der Freude, von diesem Gegenüber körperlich berührt und begehrt zu werden, sprechen wir von wahrer Liebe. Dann erlebt man die Welt als WIR. Werden körperliche Freuden auch mit anderen Menschen erlebt, so steht das Erleben des Genusses des ICH im Vordergrund, dann hat man Sex – ohne uneingeschränkte Liebe.

Die wahre Liebe lässt das eigene Leben erträglich werden und steuert jedes Tun. Schon allein die Suche nach der wahren Liebe und die Hoffnung, sie zu finden, bestimmen unser Leben. Auf der Suche nach der wahren Liebe wirken wir offen und grenzenlos. Das kann dazu führen, dass uns Personen, die wir nicht wirklich lieben, zu nahe kommen wollen. Doch niemand möchte mit einem Menschen, den man nicht wirklich liebt, grenzenlos leben. Um jemanden nicht zu nahe an sich heranzulassen und die eigene Grenze aufzuzeigen, unterscheiden wir zwischen romantischer Liebe, platonischer Liebe, amikaler Liebe, Nächstenliebe und so fort. Überschreitet jemand eine bestimmte Grenze, wird einer aus seinem Umfeld oder sein Gegenüber gleich darauf hinweisen: »Du weißt aber schon, dass wir nur eine platonische Beziehung haben.« Von dieser Art Abgrenzung, von diesen Unterscheidungen ist in meinem Buch freilich nicht die Rede, denn es geht um das Wesen von Liebe an sich. Erst wenn man das erfasst, kann man alle weiteren Einteilungen treffen.

Als Grundsatz für die Liebe und Sexualität ist es wichtig, folgende Dinge klarzustellen, die ich als Psychologe voraussetze beziehungsweise von denen ich selbstverständlich spreche:

- Erstens, der Mensch besteht neben dem Körper und der Psyche (oder hier oft Geist genannt) auch aus einer Seele. Diese ist meiner Ansicht nach eine Art Motor, Antrieb und Sinn für unser Leben. Darf sich der Kern des Menschen, die Seele, frei entfalten, ist es möglich, ein sinnvolles, glückliches Leben zu entwickeln und scheinbare Grenzen von Körper und Geist zu überwinden. Das Grundprinzip der Seele lautet, erkannt zu werden oder zu erkennen. Doch die Erkenntnis unterliegt den Regeln, was gut und was böse ist. Sigmund Freud unterteilte die Inhalte der Psyche in unbewusst, bewusst und vorbewusst. Gut und Böse werden hier gelernt und sortiert. Das heißt: Wir verfügen über Wissen, von dem wir wissen. Wir tragen aber auch Wissen in uns, von dem wir nichts wissen. Der Neurologe, Psychiater und Psychotherapeut Joachim Bauer nennt dies »das Gedächtnis des Körpers«. Vom Inhalt her unterscheiden wir zwischen dem **Über-Ich** (Regeln, Normen und Werten), die mit dem **Es** (den Gefühlen, Emotionen und Trieben) und dem **Ich** (dem Bewusstsein) so weit in Einklang stehen müssen, damit ein friedlicher Alltag erlebt wird. Keinen Konflikt zu haben bedeutet: Das, was ich will, ist gut und kann getan werden. Die Seele bedient sich allen Wissens und versucht das, was sie erkennt, auf vielfältige Weise darzustellen.

Das geschieht entweder in Form von wissenschaftlichen Beiträgen, durch Kunst, Sport, aber auch in Gestalt von Alltagsbegegnungen oder in Form des Kleidungsstils, wie Anzug, Krawatte, Stöckelschuhe etc.

- Zweitens, jeder Mensch hat ein bestimmtes Ausmaß an Energie, seine eigene »Kraft des Lebens«, mit der er den Tag überstehen muss. Die Freude als eine Ausdrucksform der Liebe beeinflusst diese Energie und veranlasst etwa, dass man sich akzeptiert. Die Liebe bewirkt, seinen eigenen Körper und die Art, zu sein, wie man ist, auszuhalten und sich sogar darüber zu freuen. Die Kraft des Lebens, die Energie, mit der ich jeden Morgen aufwache, ist immer dieselbe – mit und ohne Liebe. Auch die Gefühle sind stets die gleichen. Nur die Liebe bewirkt, dass alles, was getan wird, sich auf etwas Gutes ausrichtet. Ich kann beispielsweise schlecht gelaunt aufstehen, in die Arbeit gehen und dort aus Liebe zu den Menschen freundlich sein. Ohne Liebe richtet sich die Kraft des Lebens gegen sich selbst und dadurch auch gegen andere. Ein Mensch, der nicht liebt, kann ebenso schlecht gelaunt aufstehen, jedoch hält er das Gute nicht aus und er freut sich am Schaden und Verlust des anderen Menschen. Ohne Liebe macht das Leid der anderen die eigene Situation erträglich, deshalb lohnt es sich für einen Freudlosen, den eigenen Frust an seinen Mitmenschen auszulassen. Die Liebe, diese Freude, kommt nicht automatisch, sondern muss täglich neu gestaltet werden.

- Drittens, die Liebe ist nicht nur ein Gefühl unter mehreren, sondern sie bildet jenes Gefühl, an dem sich alle anderen Gefühle orientieren. Die Liebe ist nicht wie die Angst eine Gefühlsreaktion auf das Bild einer Gefahr.

Liebe stellt die Antwort auf das Bild einer idealen Beziehung dar. Auf die Liebe muss man sich einlassen, und das bedeutet Kontrolle und Kontrollverlust gleichzeitig.

Der Beginn der Liebe: das Verliebtsein

Die Liebe beginnt mit der Sehnsucht, jemanden zu treffen, mit dem man die Freuden des Lebens, aber auch das Leid, Interessen, Freizeitaktivitäten, kurz: eine gemeinsame Zukunft gemeinsam erleben kann. Trifft jemand einen Menschen, der ihm gefällt, entwickelt sich bei ihm automatisch und manchmal vollkommen überraschend das Gefühl des Verliebtseins. Der spanische Philosoph und Soziologe José Ortega y Gasset nennt diesen Zustand »Aufmerksamkeitsanomalie« – ein Begriff, der eigentlich alles beschreibt. Man lenkt seine gesamte Aufmerksamkeit auf einen bestimmten Menschen. Man beginnt in Gedanken eine Beziehung zu ihm aufzubauen, ohne das begehrte Wesen wirklich zu kennen. Urlaube, Theaterbesuche, Kino, alles wird in der Phase des Verliebtseins möglich und geplant.

Der Verliebte richtet sein Leben darauf aus, möglichst viel Zeit mit der geliebten Person zu verbringen. Gelingt es, Gemeinsamkeiten zu finden, geistige und körperliche Freuden zusammen zu erleben, so wird aus der Verliebtheit Liebe. Der Zustand des Verliebtseins kann ab dem frühen Kindesalter auftreten. Liebe wird sich erst mit der Pubertät voll entwickeln, denn ab dieser Zeit darf man sein Leben zunehmend selbstständiger gestalten.

Mit dem Erwachsenwerden erlangen wir Kontrolle über das Leben. Wir entscheiden, was wir tun oder wie wir leben möchten, was wir essen wollen und was alles nicht. Mit dem Aufkommen der Liebe, der Freude an einer anderen Person ändern sich unsere Entscheidungen. Wir beginnen etwas zu tun, um dem geliebten Menschen nahe zu sein, und nicht mehr um des Wollens wegen. Beispielsweise kann sich ein konservativ denkender Mann zu einem Kochkurs für Vegane anmelden, nur weil die Person, in die er sich verliebt hat, einen solchen Kochkurs absolviert. Weil er die Nähe zu ihr sucht, begibt er sich in Situationen, in denen er die Kontrolle verlieren kann. Kontrollieren lässt sich ja lediglich die Nähe zu dem geliebten Menschen, aber nicht das, was den Mann in der bestimmten Situation erwartet. Das bedeutet nicht, dass er im Kochkurs die Kontrolle über sich selbst verliert, sondern lediglich, dass er nicht weiß, worauf er sich einlässt. Das heißt nicht, dass die eigene Freiheit, Wünsche oder gar Freunde aufgegeben werden. Es bedeutet aber sehr wohl, dass eine neue Art von Freiheit entsteht, eine Situation, in der die Eigenständigkeit gleichzeitig mehr und weniger wird. In der Phase der Verliebtheit wird selbst die Mathematik romantisch interpretiert. Ich wage zu behaupten, dass für eine Rechnung ohne Liebe $1 + 1 = 2$ gilt, jedoch mit Liebe $1 + 1 = 1$. Diese Art der mathematischen Romantik betrifft unkontrolliert jeden Lebensbereich. Körperlich bemerkt man die Phase des Verliebtseins anhand von mehr Energie, am Bedürfnis nach weniger Schlaf, an Überdrehtheit sowie am starken Verlangen, dem Partner alles mitzuteilen.

Wird aus der Phase des Verliebtseins eine erfolgreiche Liebesbeziehung, verliebt man sich nicht mehr. Erst wenn für die Liebe sowie alle damit verbundenen Freuden und Leiden zu wenig Zeit bleibt oder zu wenig Gemeinsamkeit, kann sie wiederkehren, die Verliebtheit. Dann findet der Körper eine Möglichkeit, mit einem Menschen alles, was er erleben möchte (sexuell, intellektuell, sozial), zu teilen. Im Idealfall besteht der Wunsch, sich in den Lebenspartner erneut zu verlieben. Wird dieser Wunsch jedoch nicht geäußert oder nicht möglich sein, richtet sich seine Liebe auf andere Menschen, mit denen er sich vorstellen kann, all das zu erleben, was man von einer wahren Liebe erwartet. Die körperlichen und intellektuellen Bedürfnisse lassen sich nicht aufschieben oder verdrängen. Jene Energie, die hinter diesen Bedürfnissen steht, können wir entweder ausleben oder in Form einer Krankheit ausbaden. (Auf die psychischen Belastungen beziehungsweise Erkrankungsformen aufgrund misslungener Liebe gehe ich im sechsten Kapitel dieses Buches ein.)

Wie jedes Gefühl spüren wir auch die Liebe im Körper. Es ist eine kraftvolle Freude, die allein beim Anblick eines Menschen beziehungsweise bereits beim Gedanken an ihn entsteht. Die Freude stellt nicht immer eine Ausdrucksform der Liebe dar. Liebe ist das Gefühl von Risiko, Traurigkeit und Freude gleichzeitig. Es wird einem bewusst, wie machtlos man dem Gefühl ausgeliefert ist: Versucht man dem Gefühl von Liebe, der Freude an jemandem nicht zu folgen, entsteht Sehnsucht. Ob man sich auf dieses Gefühl einlässt oder nicht, alles dreht sich plötzlich um jene eine Person, und alles, was man sagt und tut, bezieht man auf sie. Es folgt unmittelbar die Beobachtung von sich selbst, etwa die Beachtung des eigenen Körpers und wie man sich gegenüber der Person, nach der man sich sehnt, verhalten und gezeigt hat. In dem Film »Dirty Dancing« etwa verliebt sich die 17-jährige Frances Houseman in Johnny. Sie kennt ihn nicht und hat nur Blickkontakt mit ihm. Bei ihrer ersten Begegnung hilft sie Johnnys Cousin, indem sie eine Wassermelone in eine Bar trägt. Johnny, der später ihr Tanzlehrer wird, sieht sie ebenfalls und beginnt sie anzuflirten. Er fragt seinen Cousin: »Was macht sie hier?« Während der Cousin antwortet: »Sie ist mit mir hier«, erwidert sie Johnnys Flirt und sagt: »Ich habe eine Wassermelone getragen.« Johnny sagt nichts und geht auf die Tanzfläche. Gleich daraufhin schämt sich Frances für diesen Satz, schüttelt den Kopf und blickt zu Boden. Sie beschäftigt sich mit ihrer Äußerung, ärgert sich darüber und fragt sich: »Wie konnte ich nur so etwas sagen?« Um mit Johnny in Kontakt zu treten, folgt sie ihm schließlich auf die Tanzfläche.

Überträgt man diese Situation auf unseren Alltag, so bleibt nicht immer die Möglichkeit, jemandem auf die Tanzfläche zu folgen, um die Kommunikation herzustellen. Im Sinne der Entwicklung von Liebe ist es notwendig, dem Bedürfnis nach Kontakt nachzugeben. Jede weitere Kontaktmöglichkeit darf bedacht werden. Man darf also im Voraus denken, was man beim Anblick der geliebten Person zum Beispiel anzieht. Wenn man sich im eigenen Körper wohlfühlt, denkt man sich: »Zum Glück habe ich ein schönes Hemd an.« Fühlt man sich unsicher und sieht die geliebte Person, denkt man vielleicht: »Hoffentlich sieht er meinen Bauch nicht.« Oder man sagt sich selbst sogar: »Ich habe eine Wassermelone getragen.« Auf jeden Fall setzt man sich, ohne dies steuern zu können, sofort mit der ersehnten Person in Beziehung. Jedes Mal, wenn man die ersehnte Person sieht, jedes Mal, wenn man mit ihr spricht, versucht man, auf die verspürte Freude einzugehen und hofft, dass der- oder diejenige ebenfalls Freude empfindet.

Das Gefühl des Verliebtseins zuzulassen, kann großen körperlichen und emotionalen Stress bedeuten. Dieses Gefühl zeigt einem, wie machtlos man mitunter der Liebe ausgeliefert ist und wie kompliziert eine Beziehung von Anfang an sein kann. Deshalb entscheiden sich viele Menschen dafür, keine Beziehung einzugehen. Bei ihnen wehrt sich der Verstand dagegen, was vom Körper signalisiert wird. Das Gefühl der Freude, der Liebe, kann sich auf etwas Reales, eine Hoffnung und auf etwas Vergangenes beziehen. Über das, was wir lieben, was uns erfreut, definieren wir uns. Dafür, was uns Freude bereitet, sind wir sowohl kritisierbar als auch liebenswert. Das können banale Dinge sein, etwa wie ich mich kleide oder wie sich jemand bewegt.

Erfüllende Liebe ist eine Antwort auf das Gefühl von innerer Leere, auf ein Ungleichgewicht, auf eine unbestimmte Sehnsucht im Leben. Jene Leere und die mit ihr einhergehende Sehnsucht sind zu erklären dadurch, weil sich die Kraft des Lebens ein Ziel, einen Nutzen, einen Sinn sucht. Klienten in meiner Praxis beschreiben diese Leere und Unruhe folgendermaßen: »Als wir zusammen waren, war ich um 22 Uhr müde und konnte gut schlafen. Jetzt, wo er weg ist, bin ich bis ein Uhr wach und kann anschließend schwer einschlafen.« Solange Menschen also nach Nähe und Bestätigung suchen, besteht eine Leere in ihnen. Sie wird nicht nur bei der Suche nach Beziehungen spürbar, sondern auch, wenn jemand nach Bestätigung und Freude in anderen Lebensbereichen sucht. Beispielsweise verliert ein Wissenschaftler diese Leere und Sehnsucht erst, sobald er eine Antwort auf seine wissenschaftlichen Fragen erhält. Das bedeutet, nur die Liebe kann die Sehnsucht füllen. Die Liebe ermöglicht eine körperliche Ausgeglichenheit, ein Zur-Ruhe-Kommen trotz eines stressigen Alltags. Aber auch der Konsumrausch, Erfolg, Alkohol und andere bewusstseinserweiternde Substanzen stellen für viele Menschen eine Antwort auf die ungestillte Sehnsucht dar. Liebe ist jedoch jene Antwort, die uns guttut. Damit ist gemeint, dass sie tolerant werden lässt, das Gefühl von Zufriedenheit vermittelt und das Gefühl des Ankommens entstehen lässt.

Liebe wird gelebt, indem eine Beziehung eingegangen wird. Dies muss nicht notwendigerweise eine Beziehung zu einem Menschen sein, sondern kann sich auch auf eine Sache oder eine Handlung beziehen. Meistens betrifft die Liebesbeziehung sowohl eine Person als auch Gegenstände und Handlungen. Folglich sucht ein Mensch, der liebt, auch einen Menschen, der dieselben Dinge, ähnliche Handlungen beziehungsweise Arbeiten liebt.

Eine Liebesbeziehung gibt der Kraft des Lebens Nutzen und Freude. Eine Liebesbeziehung stellt eine einzigartige innige Beziehung dar, in der alle Wünsche erlaubt sind. Das heißt nicht gleichzeitig, dass alle Wünsche erfüllt werden oder dass diese Beziehung angenehm sein muss. Männer und Frauen gehen unterschiedlich mit ihren Wünschen um. Männer sind es eher gewohnt, Wünsche zu äußern, diese erfüllt zu bekommen oder sich diese selbst zu erfüllen. Frauen überlegen eher, in welchen Situationen es angebracht ist, Wünsche zu äußern. Sie orientieren sich mehr an der Stimmung des Partners und nehmen sich zurück, sobald sie bemerken, dass er sich unwohl fühlt. Nicht erfüllte Wünsche bereiten den größten Stress in der Liebe. Sehr vereinfacht dargestellt: Liebt jemand seinen Beruf, so wird dieser Mensch sich auch in jemanden verlieben, der / die ebenfalls eine Schwäche oder zumindest Verständnis für jenen Beruf aufbringt. Das bedeutet:

Alles, was mit der Ausübung des Berufs zusammenhängt, wird toleriert und in den Lebensalltag integriert. Verliebt sich jemand, der Autos liebt, in einen Psychologen, so werden alle Dinge, die mit Autos zu tun haben, fehlen. Kommt ein Psychologe nach Hause, riecht er anders als ein Automechaniker. Auch die Gesprächsthemen werden andere sein, nicht weil man mit Psychologen nicht über Autos reden könnte, sondern vielmehr deshalb, weil jeder mit dem Partner über die Probleme des Alltags spricht. Stellt die Liebe eine Antwort auf eine Sehnsucht dar, so lässt sie sich nicht auf eine Person oder Tätigkeit beschränken. Es stellt sich die Frage, inwieweit es sinnvoll ist, zwischen den unterschiedlichen Arten von Liebe zu trennen, also zu unterscheiden in eine romantische, amikale Liebe oder die Nächstenliebe etc.

Eine Liebesbeziehung deckt die komplette Sehnsucht ab. Sie wirkt sinnvoll und bereitet deshalb auch Freude in Situationen, wo sich Freunde abwenden oder jemand mit dem Partner streitet. Die Liebe steht im Gegensatz zum gesamten restlichen Leben. Es wäre ein Widerspruch zur Liebe, ginge ein Tierschützer, der sich um Elefanten sorgt, eine Liebesbeziehung mit einem leidenschaftlichen Elefantenjäger ein. Dieses Verhältnis wäre zum Scheitern verurteilt, nicht aus fehlendem Charme des Jägers, sondern weil der Elefantenfreund seine Liebe zu den Tieren nicht ignorieren und verdrängen könnte. Grundsätzlich kann Liebe tolerant machen und es erlauben, eine Beziehung einzugehen mit jemandem, der ganz andere Werte vertritt. Allerdings müssen die Betroffenen hier einen Weg für sich finden, um die an sich hinderliche Sehnsucht und das Verlangen – das Streben danach, Elefanten zu retten – ebenfalls zu berücksichtigen und zu stillen. Damit ihre Liebe zueinander tatsächlich das ganze Leben betrifft und beide nicht trennen müssen zwischen erotischer Liebe und jener zum Beruf, müssten sie sich wahrscheinlich auch von ihren Freunden trennen, um Konflikte zu vermeiden. Da der Elefantenjäger in einem sozialen Umfeld verankert ist, wo die Jagd akzeptiert wird, und der Tierschützer sich mit gleichgesinnten Tierliebhabern umgibt, die die Jagd sicherlich nicht gutheißen, ist hier ein großes zwischenmenschliches Konfliktpotenzial zwischen den Parteien zu erwarten. Dieses lässt sich nur durch einen radikalen Schritt – wie zum Beispiel die Trennung von seinen Freunden – umgehen.

Unsere Erziehung zielt darauf ab, dass wir im Alltag unabhängig sein müssen, Geld verdienen sollen, nicht ausgenützt werden und darauf achten, dass es uns gut geht. Die Liebe hingegen ist eine Beziehung, die sogar Gegenteiliges erlaubt. Nur jenem Menschen, den wir lieben, an dem wir hängen, bei dem wir schwach werden, erlauben wir es, uns auszunützen und als schwach dazustehen. Dennoch sind wir der Überzeugung, dass alles gut ist, solange diese Beziehung besteht. Dann wird überlegt, ob man den Anforderungen gewachsen ist – im Unterschied zu Liebesbeziehungen. In jeder anderen Bindung, die wir eingehen, gibt es etwas, das wir erfüllen oder mitbringen müssen. In der Arbeit etwa reicht es nicht, wenn wir ein oder zwei Mal zeigen, dass wir unseren Job gut erledigen und danach legen wir die Füße hoch. Ganz im Gegenteil: Tagtäglich wird von uns verlangt, dass wir das Beste leisten. Liebe ich einen Menschen, ist es unwichtig, ob er ein oder zwei Beine hat, groß oder klein ist. Natürlich verliert man nicht den Blick für das Wesentliche im Leben. Es wird einem also immer bewusst bleiben, dass man mit zwei Beinen und einer großen Statur mehr im Haushalt beiträgt als ohne Beine und 112 Zentimeter groß. In einer Liebesbeziehung ist es sogar wichtig, sich gegenseitig alle Wünsche zu sagen, ohne dem anderen Schuldgefühle aufzuerlegen. Verheimlicht man seine Wünsche vor dem Partner aus Rücksicht, um ihn nicht zu kränken oder zu verletzen, so kann man davon ausgehen, dass sich dieser Wunsch auf einen anderen Menschen überträgt.

Liebe zulassen

Liebe ist richtungweisend, wie ein Magnet, der die Kraft des Lebens lenkt und der hierdurch wie ein starkes Interesse an einer Person wirkt, und der Kontakt und Berührung sucht und im Weiteren auf eine Beziehung mit dieser Person ausgerichtet ist. Bereits der Umstand, von jemandem gesehen, also beachtet zu werden, gilt als Bestätigung und wird dahingehend interpretiert: »Vielleicht ist es Liebe.« Sofort entsteht eine Vorstellung davon, wie es in einer Liebesbeziehung mit jenem Menschen sein wird. Man möchte unbedingt der geliebten Person nahe sein. Nähe stellt sich ein, indem man beginnt, jemanden anzusehen und Interessen auszutauschen. Der Umgang mit Nähe und dem Gefühl von Anziehung und Freude (Liebe) ist erlernt und wird von den Eltern oder von den Freunden abgeschaut. Dem Gefühl der Liebe kann man nicht entkommen. Das Gefühl tritt ungewollt und unerwartet auf. Das Bedürfnis nach Nähe zu einem Menschen kann auch als Schwäche empfunden werden, damit als Scham, und wird daher nicht einfach zugelassen. Denn gegen das

Gefühl der Scham und Schwäche wehren sich viele Menschen, weil sie vielmehr als stark erscheinen möchten, sich nicht genieren und blamieren wollen. Dabei liegt die Stärke eines Menschen im aktiven Zulassen dieses Gefühls. Damit ist gemeint, dass der Verstand weiß: Das ist die Liebe und an diesem Gefühl orientiere ich mich. Die Liebe ist eine Freude, die gut überlegte und kontrollierte Schritte setzt, um eine an sich unkontrollierbare Beziehung einzugehen. Man liefert sich einem anderen Menschen aus in der Hoffnung, jener liebt einen ebenfalls und Nähe bereitet ihm deshalb genauso Freude.

Die Liebe tut dem Körper gut und zeigt sich zumeist anhand von Freude an jemandem oder etwas. Das hat zur Folge, dass man sich von jemandem oder etwas abhängig fühlt. Das führt dazu, dass Liebe auch das Gefühl der Hilflosigkeit und des bewussten Aussetzens von Kontrollverlust entstehen lässt. Dies fällt manchen Menschen derart schwer, dass sie es verstandesmäßig nicht zulassen können. Dennoch besteht die Liebe in Form von Freude an jemandem oder etwas. Um diesem Gefühl der Hilflosigkeit zu entkommen, ist es möglich, ein offenes Tauschgeschäft zu machen. Jeder Handgriff, auch wenn ihn jemand noch so gern verrichtet, wird in Geld verrechnet. Auf die menschliche Wertschätzung kann so verzichtet werden. Man fühlt sich wohl, denn man bleibt unabhängig und tut, was man liebt. Aus psychologischer Sicht jedoch wird hier etwas Wesentliches vergessen. Lässt jemand nämlich ein Gefühl nicht zu, bedeutet das: Sein Körper spürt etwas und schickt dem Verstand ein Gefühl, was der Verstand nicht akzeptiert. Man fühlt sich unwohl. Durch das Tauschgeschäft ist es möglich, die Liebe und damit den Kontrollverlust sowie die Abhängigkeit von der Freude tatsächlich nicht mehr zu spüren. In diesem Fall spricht man von Abspaltung. Solche Menschen wissen wirklich nicht, was in ihrem Körper vorgeht. Sie tun doch das Richtige, arbeiten für Geld und haben dennoch eine unbefriedigte Sehnsucht. Die besteht deshalb, weil das Gefühl nicht verschwindet, sondern nur nicht zugelassen beziehungsweise umgewandelt wird. Menschen, die ihre Gefühle abspalten, haben den Eindruck, dass die geliebte Person ständig ihre Nähe suche und nicht umgekehrt. Es findet eine Projektion statt, indem sie das, was sie fühlen, auf die andere Person übertragen. In Worten ausgedrückt, kann der Gedanke entstehen: »Der will ständig etwas von mir, er drängt sich auf.«

Die Hauptfrage rund um die Liebe, diese einzigartige Form von Beziehung, lautet: Woher weiß ich, dass es Liebe ist? Allein diese Frage zeigt die Bedeutung von Liebe. Jede andere Form von Beziehung hat nicht jenen exklusiven Charakter, nicht diese Energie und Kraft, die man sowohl in die Beziehung hineinsteckt als auch von der Liebesbeziehung erhält. Besonders wenn man glaubt, nicht alle Wünsche dem Partner mitteilen zu können, kommt Zweifel an der Liebe.

Woher weiß man nun, dass es Liebe ist? Man weiß es nicht, man muss es fühlen. Deshalb ist es wichtig, sich bei den eigenen Gefühlen auszukennen. Ein Gefühl ist eine Spannung im Körper, die der Verstand übersetzt und interpretiert. Jeder Mensch strebt danach, Spannung in Harmonie umzuwandeln. Das Gefühl der Liebe ist mit sehr hoher Spannung verbunden. Insofern fällt es Menschen, die alles verstehen möchten, schwer, sich einer Spannung hinzugeben. Ich erlebe viele Klienten, die krampfhaft versuchen, sich entweder jemanden aus- oder einzureden. Allein wenn es um den Beginn einer Beziehung geht, sehe ich, wie schwer es vielen Menschen fällt, entweder zuzugeben, dass sie jemanden mögen, oder auch schlichtweg zu sagen: »Tut mir leid, ich spüre nicht dasselbe, was du für mich spürst.« Aus irgendeinem Grund versucht der Verstand, dem Gefühl zu widersprechen beziehungsweise dem Körper vorzuschreiben, wie er sich fühlen soll.

Über die Liebe nachzudenken ist heutzutage auch deshalb wichtig, weil wir in einer Zeit leben, in der uns zahlreiche Möglichkeiten, den Alltag zu gestalten, offenstehen. Wir wollen auf Urlaub – wir fliegen. Wir wollen umziehen – wir fahren. Wir suchen aus, welche Schulen wir besuchen, was wir studieren und was wir arbeiten. Doch jede Entscheidung ist ein Kompromiss zwischen dem Verstand und dem Gefühl. Während der Verstand sich auf Verdienst und Arbeitsmöglichkeit konzentrieren kann, schwankt das Gefühl zwischen Sicherheit und Leidenschaft. Auch hier wird schnell vergessen, dass es sich eigentlich um Liebe handelt. Wir brauchen Zeit, um Interesse zu entwickeln, um einer Leidenschaft nachgehen zu können, um anschließend ausreichend Energie zu haben, um das abzuschließen, was man begonnen hat.

Um die Liebe für etwas oder jemanden entwickeln zu können, brauchen wir Zeit tagsüber. Tagsüber deshalb, da der Körper und Verstand Zeit benötigen, um die Ereignisse des Tages verarbeiten zu können. Dies passiert, sobald man aufhört, etwas zu tun. Jedoch für die Liebe, für das Interesse, für die Freude glauben viele, müsse man sich nicht Zeit nehmen. Denn die Freude komme ja automatisch. Das bedeutet, dass wir die Liebe heutzutage entweder als etwas Selbstverständliches betrachten oder als gar nichts im Sinne von »nicht Liebe«: Liebe nüchtern beschrieben als Beziehung, als Austausch zwischen Geben und Nehmen von Nähe, Intimität und Sexualität. Nur in der Liebesbeziehung ist es ein Tauschgeschäft, bei dem ein Mensch etwas von sich gibt, um mit einem anderen Individuum mehr zu werden – ein Mehr durch die Gemeinsamkeit. In der Liebesbeziehung findet der Tausch auf einer anderen Ebene statt. Ich treffe jemanden, um ein Wir zu erzeugen. Ich gebe etwas, um gleichzeitig größer zu werden, und nicht, um etwas vom anderen zu haben. Doch dieser Austausch ist nicht so einfach, denn das Bild von Liebe heute ist ein überwältigend großes, ein überwältigend romantisches – poetisch und harmonisch gleichzeitig –, in dem alles aufgeht.

Die Überlegung lautet, was wir geben müssen, damit es Liebe genannt werden kann, und ob wir jemanden auch lieben, falls wir dieser Definition von Liebe nicht entsprechen, während in einer normalen Geschäftsbeziehung jeder Partner auf sich achtet, dass das Ich eines Einzelnen nicht zu kurz kommt (ich tausche also etwas, damit es mir besser geht). Dieser Anspruch des »Ich will alles von dir« löst nämlich mitunter auch Stress aus. Stress, weil man in der Liebe entweder alles geben muss, und nur dann ist es Liebe, oder aber nicht alles nehmen will und kann, weil beispielsweise gerade alles zu viel wird, man Ruhe braucht, sich geniert vor dem anderen beziehungsweise nicht glauben will, liebenswert zu sein. Beziehungen werden rasch und leicht eingegangen.

Die Frage, ob es sich hierbei um Liebe oder eher um eine Affäre, Freundschaft oder Zweckgemeinschaft handelt, lässt sich nicht rasch beantworten. Die Entscheidung dafür, sich zu jemandem zu bekennen, zu ihm zu stehen, fällt schwer, denn sie zeigt etwas von sich selbst. »Im Bett ist er / sie ganz gut … das Animalische passt … aber sonst weiß ich nicht, ob das eine Zukunft hat«, höre ich als Psychologe öfters.

Liebe bedeutet jedoch mehr, als dass es nur passt. Jemanden zu lieben heißt somit, nicht nur mein Gegenüber so lassen zu können, wie es ist, selbst wenn ich vieles (an ihm) nicht verstehe, sondern auch sich selbst so zu lassen, wie man ist. Auch wenn man hierdurch riskiert, von seinem Umfeld nicht verstanden zu werden.

Der Wert der Liebe

Der Philosoph Josef Pieper schreibt in seinem Buch »Zustimmung zur Welt«, dass die Freude eine Äußerung der Liebe sei. »Wer nichts und niemanden liebt, kann sich unmöglich freuen, und wenn er noch so verzweifelt danach verlangt. Freude ist die Antwort darauf, dass einem Liebenden zuteilwird, was er liebt.« Freude ist jene Ausdrucksform, die wir am ehesten mit Liebe verbinden. Doch Liebe ist mehr als Freude. Sie zeigt sich genauso, indem wir uns genieren, uns schuldig fühlen, verzweifelt sind, Angst haben, und sogar, wenn wir hassen. Alle diese Gefühle können sich zeigen, sollten wir jemanden lieben oder aus Liebe für etwas empfinden. Liebe stellt die Energie, die Kraft dar, die es möglich macht, das eigene Leben zu ertragen. Der Wert der Liebe besteht darin, Freude auszulösen darüber, dass wir überhaupt existieren und uns mit den Problemen des Alltags auseinandersetzen können. Auch jene Menschen leben und existieren, die die Kraft des Lebens nicht in Liebe umwandeln, die die Liebe nicht haben. Für sie ist die Kraft des Lebens negativ. Für jene Menschen ist es nicht möglich, das eigene Leben auszuhalten, es wird als Qual und sinnloses Leid empfunden. Mit derselben Energie wie mit der Liebe lassen sie das Leid der Unerträglichkeit an anderen aus. Die Tragik der eigenen Existenz will genauso erkannt werden wie der Glanz der Liebe. Menschen ohne Liebe müssen andere quälen, um ihr eigenes Leid zu ertragen. Dieses Verhalten wird ihnen selbst nicht auffallen, denn es steckt eine enorme Energie auch in diesen Menschen, und ihre Energie kann als Liebe bezeichnet werden, denn sie lieben es ja, andere zu quälen. Jene Energie hingegen, die durch Liebe entsteht, ist immer gut und hat es deshalb nicht nötig, andere zu quälen.

Die Liebe ist ein Gefühl, das Energie und Kraft gibt. Sie reduziert sich nicht auf einen Menschen, sondern kann auch auf ein Objekt, ein Wissensgebiet oder eine Handlung übertragen werden. Kauft sich beispielsweise – chauvinistisch ausgedrückt – ein Mann ein Auto, das er liebt, welches ihm folglich Freude bereitet und gleichzeitig Energie verleiht, so kann der Trugschluss entstehen, die Kraft und die Freude am Fahren stammten vom Auto. Tatsächlich rührt die Kraft des Mannes jedoch nicht von seinem Auto her, sondern von der Liebe für das Gefährt. Die Liebe ist allerdings in diesem Fall eine Schwäche für ein gewisses Objekt. Diese Verbindung zwischen der eigenen Stimmung und einem Objekt kann dazu führen, dass sich die Haupteigenschaft der Liebe in ihr Gegenteil verkehrt.

Während die wahre Liebe offenherzig, großzügig, tolerant und neugierig werden lässt, führt die abhängige Liebesbeziehung dazu, sich lediglich in dieser einen symbiotischen Beziehung sicher und tolerant zu fühlen. Alle anderen Menschen werden ausgeschlossen, da sie eine Bedrohung für jene Beziehung darstellen. Eine Gesellschaft, die fürchten muss, dass »mein Auto, mein Haus, mein Boot« – also alle meine Lieben – plötzlich verloren gehen können, weil beispielsweise das Geld nicht reicht, erlebt die Liebe nur innerhalb eines bestimmten Kreises. Die wohltuende Verbindung zwischen der eigenen Energie, dem Auto, dem Haus und dem Boot droht zu zerbrechen.

Dieser Umstand zeigt, dass man nicht ein Wir lebt, also eine Gemeinschaft, sondern lediglich ein erweitertes und vergrößertes Ich. Man kann auch mit einem Menschen nur sein eigenes Ich vergrößern, ohne ein wirkliches Wir zu leben. Dann fühlt man sich nur dort – innerhalb dieser Beziehungen und der damit verbundenen Menschen näm-lich – liebenswert und alles andere wird ausgeschlossen. Nur weil man sich wohlfühlt, bedeutet das nicht, dass man auch wirklich liebt, denn Liebe ist mehr. Die kraftvolle Freude eines Mannes darf auch ohne sein Auto unbegrenzt bestehen. Alles Materielle ist begrenzt. Der Wert des Geldes hat eine Grenze, die PS-Zahl des Autos ebenso, das Grundstück auch etc. Beschränkt man die Liebe auf diese Werte, erfährt die Liebe eine Begrenzung. Einzig das Gefühl der Liebe ist gren-zenlos. Das soll es auch bleiben. Das funktioniert nur, indem man sich diese Grenzen bewusst macht und auf sein Gefühl achtet. Gibt es da auch eine Grenze, oder erweitern wir sie?

Dies gilt auch für die Grenzen des Denkens. Auch hier können wir anhand unterschiedlicher psychologischer Tests die Grenzen messen und das Denkvermögen eines Menschen beschreiben und damit beschränken. Durch die Freude und das Interesse – und damit durch die Liebe an einer Person oder Sache – lassen sich die Grenzen erweitern. Während man beim Auto oder bei einem Grundstück die Grenze materiell vor Augen hat, so ist es im Umgang mit anderen

Menschen ein Gefühl, das die Grenze markiert. Besonders wenn es um Geld, Essen oder Sexualität geht, können wir diese Grenze spüren. Die Gefühle der Scham, des Zorns, der Aggression, der Hilflosigkeit zeigen eine deutliche Grenze. Sollen diese Grenzen erweitert werden, heißt es also, einen anderen Umgang mit diesen Gefühlen zu finden. Diese Gefühle erleben wir als unangenehm. Wir weichen ihnen aus, wann immer wir die Möglichkeit dafür haben. Erst bei einem Menschen, der es uns wert ist, sich mit diesem Gefühl auseinanderzusetzen, bleiben wir und können die Grenze, die jenes Gefühl bietet, überschreiten.

Beispiel aus meiner Praxis

Sieglinde N. (32) ist eine schlanke, blonde Frau, die objektiv betrachtet einen Körper hat, der mit den Maßen eines Models beschrieben werden kann. Frau N. fühlt sich aber nicht so hübsch und begehrenswert wie ein Model. Es gibt Körperteile, die sie noch nie einem Mann gezeigt hat. Langzeitbeziehungen habe sie bisher nicht gehabt, denn bislang kamen ihr die Männer für ihr Verständnis zu nah. Mit »zu nah« meint sie, sie würde sich für gewisse Körperteile zu sehr genieren, vor allem jedoch für die Tatsache, dass ihr Lebenspartner ihren Geruch mitbekommen könne, den sie als sehr unangenehm empfinde. Sie beschreibt, dass sie nach dem Sex duschen würde und dass sie bisher jeden Partner nach Hause geschickt habe, sobald sie das Gefühl der Scham oder der Hilflosigkeit ereilt hätte. Die Unzufriedenheit mit dem eigenen Körper hatte zur Folge, dass Frau N. sich bisher stets Männer aussuchte, denen ihre Flucht vor sich selbst, die Unruhe und Getriebenheit nichts ausmachte. Viele wollten sowieso nach erfolgreichem Sex die Wohnung verlassen, behauptete sie.

Frau N. kam mit der Frage zu mir, wie sie eine normale Beziehung eingehen könne. Obwohl sie sich zunächst sehr dagegen wehrte, musste sie lernen, zu begreifen, dass die gewünschte Veränderung ihrer Lage damit begann, die Einstellung sich selbst gegenüber zu reflektieren. Auf diese Weise sollte sie einen Weg finden, besser mit ihrer Scham und Unsicherheit umzugehen. Sie fand einen neuen Partner, von dem sie behauptete, sie wüsste genau, dass sie Sex haben würden und dass er ihr bald zu nah kommen wollte, indem er nach vollzogenem Akt nicht nach Hause gehen, sondern bei ihr übernachten und vielleicht sogar noch frühstücken wolle. Diese Art von Nähe, bei der sie sich wahrscheinlich auch bei Tageslicht zeigen, womöglich sogar noch vor seinen Augen duschen oder gar auf die Toilette gehen müsse, sei ihr zuwider. Jene Art wahrgenommen zu werden wollte sie bisher außer mit ihrer Familie mit keinem anderen erleben beziehungsweise habe sie sich mit keinem anderen getraut.

Gemeinsam überlegten wir, was Sieglinde N. dem Mann sagen könne, um Nähe zuzulassen und gleichzeitig die aus ihrer Sicht unbedingt erforderliche Distanz zu wahren. Besonders schwer fiel es ihr, Nähe an Orten zuzulassen, wo sie es gewohnt war, allein zu sein. Dies begann im Badezimmer und endete auf der Toilette. Im Bad hat Frau N. mittlerweile überhaupt kein Problem mehr, falls ihr Partner den Raum betritt, während sie duscht oder sich schminkt. Auf der Toilette dagegen besteht das Problem teilweise noch. Sieglinde N. schildert, dass sie mit Zwang versuchte, sich zu überwinden und die Türe offen ließ. Das hatte freilich zur Folge, dass sie mehrere Tage nicht auf die Toilette gehen konnte. Der Körper wehrte sich gegen die Freiheit, die ihm der Verstand bieten wollte. Die Situation hat sich jedoch insofern verbessert, als dass Frau N. nun entspannt aufs Klo gehen könne, selbst wenn sich ihr Partner vor der Türe befinde. Das Gefühl änderte sich vor allem insofern, weil sie es aufgab, darüber nachzudenken, welche Situationen sie nicht mehr haben wolle. Dies führte schließlich dazu, dass sie aufhörte, ihren Partner aus der Wohnung zu jagen, indem sie einen Streit provozierte. Früher musste sie hierfür beschämend und beleidigend werden, indem sie ihre Männer als klein und unmännlich darstellte. Diese Zeiten sind vorbei, auch wenn sie immer noch gerne allein – im Sinne von unbeobachtet und ungestört – ihre Notdurft verrichtet.

Die Akzeptanz des eigenen Körpers, der eigenen Bedürfnisse hängt davon ab, wie wir diese Bedürfnisse bewerten. Wohlriechendes Essen wird sozial akzeptiert und deshalb als soziales Ereignis gemeinsam erlebt. Weniger wohlriechende Dinge wie das Aufsuchen des stillen Örtchens und das Verrichten menschlicher Bedürfnisse akzeptieren wir nicht und wollen dies deshalb nicht als gemeinsames Ereignis erleben. Dieser Ansatz ist nicht krankhaft, kann es aber werden, sobald man beginnt, das Ereignis des Auf-die-Toilette-Gehens auszuweiten. Hier stellt sich also die Frage: Ab und bis zu welchem Moment möchte jemand allein sein, wenn er aufs Klo muss? Spürt der Betroffene da bereits starke körperliche Verspannungen, weil er weiß, dass sein Partner, mit dem er sogar Sex hat, sich ebenfalls in der Wohnung aufhält, so ist aus psychologischer Sicht die Integration körperlicher Bedürfnisse nicht gelungen, weil der Kopf dem Körper signalisiert: Sobald jemand in der Wohnung ist, akzeptiere ich die Geräusche und Gerüche, die mit der Toilette verbunden werden, nicht. Das bedeutet nicht, dass man es mögen muss, wenn jemand dabei zusieht, sobald man auf der Toilette ist, sehr wohl aber, dass wir lernen müssen, einander auszuhalten, wenn es um diese Art von Bedürfnissen geht.

Zwei kritische Lebensereignisse können meiner Erfahrung nach die Akzeptanz solcher körperlicher Bedürfnisse verändern: Das erste ist ein schwerer Unfall oder eine Erkrankung, der / die dazu führt, Hilfe in diesem Bereich annehmen zu müssen. Dann erst erkennt man, wie menschlich auch dieses Bedürfnis ist und wie wenig dramatisch der Stuhlgang sein kann. Das zweite: Man verliebt sich und mag plötzlich alles an dem geliebten Menschen. Die Liebe lässt die eigene Begrenzung durch Gefühle von Scham erweitern. Aus psychologischer Sicht wesentlich ist die Reduzierung von Spannung und Stress, wenn es um rein menschliche Bedürfnisse geht, die jeden betreffen.

Nähe versus Distanz

Das große Problem der Liebe ist es, dass es nur wenige große Lieben im Leben eines Menschen gibt. Der großen Liebe erlaubt man nicht nur körperlich sehr nahe zu kommen, sondern auch viel Zeit miteinander zu verbringen und viel von den eigenen Werten, aber auch dem Lebensstil mitzubekommen. Liebe hat also mit Nähe kein Problem. Liebt man aber einen Menschen nicht so sehr, dass man ihn als große Liebe bezeichnen kann, so wird es auch schwerfallen, Nähe zuzulassen. Das Dilemma der Liebe besteht also darin, jemanden gleichzeitig auf Distanz zu halten und trotzdem lieb zu sein. Hier zeigt es sich, dass Liebe etwas Exklusives ist, weil sie alle anderen, die nicht wirklich geliebt werden, ausschließt. Jeder von uns ist jedoch auch zu Menschen nett, die wir nicht wirklich lieben. Auch hierbei handelt es sich um einen Ausprägungsgrad beziehungsweise einen Aspekt von Liebe.

Die zahlreichen Aspekte von Liebe sind deshalb erwähnenswert, weil uns bewusst sein muss, dass vieles aus Liebe geschehen kann. Nicht nur das Gute – sondern aus Angst auch das Böse, um zu wenig Liebe zu kompensieren oder um den Schmerz aus der Verletzung und Kränkung umzuwandeln, indem er durch etwas Böses weitergegeben wird. Auf Distanz gehalten zu werden, erzeugt Schmerz. Den von der Distanz betroffenen Menschen muss aber erst die Liebe abhandengekommen oder sie müssen bedroht worden sein, um tatsächlich als Schmerz empfunden zu werden. Ist es dann noch Liebe, wenn man auf Distanz gehalten wird? Das Verhalten desjenigen, der auf Distanz hält, macht deutlich, dass die Liebe nicht grenzenlos ist. Das Gefühl des verletzten Menschen zeigt, dass mehr Liebe da ist, verglichen mit dem Gegenüber. Dieser Schmerz ist derart unangenehm, dass viele sich nicht trauen, jemandem zu zeigen, dass sie ihn lieben. Die Gefühle der Scham und Schuld sind sehr mächtig. Das Risiko, blamiert oder ausgenutzt zu werden, hält uns davon ab, die wahren Gefühle zu zeigen.

Die Frage »Ist es Liebe?« hat für mich als Psychologen hohe Relevanz und begegnet mir recht häufig. Als Beispiel möchte ich eine Frau erwähnen, die von ihrem Mann geschlagen wurde. Bei der Diskussion darüber, wie es dazu gekommen war, meinte ich, dass er es vielleicht aus Liebe zu ihr getan haben könnte. Daraufhin fragte sie mich, ob es mein Ernst sei, anzunehmen, er habe sie aus Liebe geschlagen. Schläge wären doch das Gegenteil von Liebe, alles andere als gut – weshalb möchte ich das Böse daher gutmachen? Das Böse bleibt böse und lässt sich nicht gutmachen, gab ich der Frau zu verstehen, aber die Motivation, aus der etwas geschehen ist, resultiert womöglich aus der Vermeidung von Schmerz.

Um diese Erklärung akzeptieren zu können, lohnt es sich, die Mechanik des Fühlens noch einmal zu beschreiben. Während Akzeptanz und Freude an jemandem ein Glückshormon im Körper ausschütten lassen, führt das Gegenteil – nämlich Ablehnung und Hass – zur Ausschüttung von Stresshormonen. Stresshormone spürt man nicht, man spürt nur deren Folgen: schnelle Atmung, Schwitzen, Herzrasen, Magenkrampf, kalte Hände, kalte Füße, heißer Kopf. Insofern lässt sich schlussfolgernd erläutern, dass alles Nicht-Gelebte, all das, wonach man sich sehnt und was einem verwehrt bleibt, mitunter tatsächlich körperlichen Schmerz auslöst. Dagegen wehrt man sich und diese Art von Spannung wird weitergegeben. Entweder erfolgt dies in Form von aggressivem Verhalten und Wut oder durch Rückzug und Vermeidung von Situationen, die Sehnsucht und Liebe jeglicher Art auslösen.

Im Folgenden umschreibe ich Liebe stets mit Freude, um den Positivismus, das Gute dieser Energie, zu betonen. Die Fähigkeit, sich zu freuen, die Liebe also, braucht Sozialisation in Form von Kommunikation mit anderen Menschen, die sich freuen, dass ich bin, so wie ich bin. Die grundlose Freude an meinem Anblick ist im Kindesalter existenziell und im Erwachsenenalter wichtig. Ein Kind, über das man sich nicht freut, wird sich ungeliebt fühlen und versuchen, alles zu tun, das in seiner Macht steht, um Aufmerksamkeit zu erwecken. Aufmerksamkeit und Freude haben einen ähnlichen Stellenwert. Das bedeutet, dass jemand, der Aufmerksamkeit erhält, den Eindruck gewinnt, geliebt zu werden. Dieses Gefühl kann deshalb auftreten, weil für die Liebe gilt, dass das Glück und die Freude nicht immer lustig sein müssen. Denn jemand, der einen Menschen liebt, zeigt Aufmerksamkeit, egal ob aus Freude oder weil man besorgt, bestürzt, geschockt oder überrascht ist. Daher ist es wichtig, zwischen Aufmerksamkeit und Liebe unterscheiden zu können.

Beispiel: Ein Schüler, der zu Hause zu wenig Wertschätzung erfährt, kann in der Schule viel Aufmerksamkeit erhalten, indem er im Unterricht laut ist und schwätzt. Wenn die Lehrerin es liebt, dass es in der Klasse ruhig ist, so spürt der Schüler diese Liebe für Harmonie und Ruhe, sobald er ermahnt und daran erinnert wird, leise zu sein. Auf solche Weise entsteht für den Schüler leicht der Eindruck, die Ermahnung seitens seiner Lehrerin sei eine Form von Wertschätzung für ihn, für sein Wesen. Er fühlt sich also belohnt und bestärkt im Lautsein.

Liebe und Distanz sind nicht so einzuteilen, dass man sagen kann: Distanz bedeutet nicht Liebe. Es gibt mehrere Aspekte, die bei dieser Thematik überlegt werden dürfen. Die Liebe beinhaltet viele Aspekte von Nähe. Jeder kann spüren, ob sich jemand freut, sobald man gesehen wird oder nicht. Sowohl der Verstand, der danach fragt, weshalb man geliebt wird, als auch das seelische Bedürfnis, das wissen möchte: »Was sieht der an mir?«, rangieren in der Wertigkeit hinter der Liebe beziehungsweise Beachtung oder Freude an sich selbst. Die Akzeptanz der eigenen Person wird folglich durch Freude übermittelt. Es ist nicht mehr wichtig, ob ich verstanden oder wie ich gesehen werde. Es ist sogar möglich, dass man sich selbst darüber wundert, weshalb man geliebt und wie man gesehen wird. Es ist trotzdem möglich, sich über die Liebe zu freuen. Anhand von Beziehungen lernen wir, die Freude anderer mit zu beeinflussen. Die Bedingungslosigkeit und

Freiheit von Liebe kann so übersehen und vergessen werden. Vor allem bei Menschen mit besonderen Begabungen, mit einem besonders schönen Körper, mit besonders viel Geld, mit besonders viel Erfolg sind Kompromisse denkbar. Selbst wenn der Mensch anders denkt, kann er dennoch geliebt werden, weil er eben über ein außergewöhnliches Talent oder viel Geld verfügt. Aber ist es dann noch Liebe? Ja, falls man auch dann noch geliebt wird, wenn alles weg ist – Talent, makelloser Körper, Geld. Die Liebe ist frei und bedingungslos.

Der Wert der Liebe hat mehrere Aspekte:

1. Liebe kann zum Antrieb des Tuns werden, als Grund für unser Handeln. Hierbei wirkt Liebe als Kraft, die aus der Freude an einer Person, einer Beschäftigung oder Sache erwächst. Diese unterscheidet sich von der Motivation, die vom Kern des Menschen, von der Seele, herrührt. Freut man sich an etwas, so ist die Freude gleichzeitig der Grund und das Ziel einer Tätigkeit; sie ist somit in sich sinnvoll und deshalb bedingungslos.

2. Die Liebe ist auch verantwortlich dafür, ob wir für seelische Bedürfnisse gut oder böse zu anderen Menschen sind. Die Seele will erkannt werden und ohne Liebe wird dieser Prozess beispielsweise erfolgen mit dem Gedanken: »Na, dem werde ich es zeigen«; mit Liebe wäre der Gedanke etwa: »Hoffentlich hat er Freude daran.«

3. Die erfüllte Liebe ist immer gut. Man kann nicht gleichzeitig jemanden lieben und diesem Menschen wehtun. Wehgetan wird erst, sobald die Liebe zu zerbrechen droht. Dies gilt auch für die Liebe zu einer Beschäftigung oder zur Wissenschaft. Wer ein bestimmtes Interessengebiet liebt, der hat stets Freude dabei, der Entwicklung dieses

Gebiets Gutes zu tun. Im Arbeitsleben zeigt sich die Liebe für ein spezielles Fach hauptsächlich darin, wie man sich der Kollegenschaft gegenüber verhält. Schätzt jemand ein Fachgebiet, so schätzt er Kollegen, die sich dafür interessieren. Selbst wenn er Mitarbeiter nicht mögen sollte, so respektiert und schätzt er sie dafür, was sie für ihr Fach leisten. Schätzt er die berufliche Position und weniger das Fachgebiet, so betrachtet er seine Kollegen als Feinde, denn die Liebe gilt der Position und nicht dem Fach.

Liebe als jenes Elixier, das das Leben als vollkommen, als wertvoll erscheinen lässt: Nach dieser Vollkommenheit sehnt sich der Mensch, um letzten Endes dem Schicksal der Endlichkeit begegnen zu können. Man braucht keine Liebesbeziehung, um glücklich zu sein. Es ist wichtig, sich immer wieder daran zu erinnern, dass Liebe bedingungslos und deshalb auch nicht an eine Beziehung gebunden ist. Bedingungslose Liebe bedeutet, unter jeder Bedingung zu lieben, also Möglichkeiten zu haben, sich zu freuen. Ein radikal klingender Satz, der trotz allem Leid gelebt werden muss. Der Wert des Lebens wird durch Liebe erfahrbar, durch Freude und Interesse ausgedrückt. Manche Bedingungen jedoch erschweren einem die Freude am Leben. Um jemandem zu zeigen, dass der geliebte Mensch, die von ihm geliebten Sachen etc. wertvoll sind beziehungsweise dass die Liebe wertvoll ist, benötigt man Ausdrucksformen. Der Wert von Dingen wird für gewöhnlich durch Geld definiert. Um gleichzeitig die Bedingungslosigkeit der Liebe zu erhalten und den Wert der Beziehung auszudrücken, ist es in der Liebe – und nur dort – wesentlich, dass das Geld unwichtig wird. So wie einem der menschliche Körper, der dem Schönheitsideal entspricht, als wertvoll gilt, darf er den Wert des Geldes in der Liebe behandeln. Es ist vielleicht toll, wenn sich jemand durch den Anblick eines solchen Körpers erfreuen kann, aber: Genauso wichtig ist es, Freude zu verspüren, sobald sich dieser Körper zum Beispiel durch Einwirkung von Alterung, Unfälle oder Krankheiten verändert.

Im Krankenhaus wird dieser Wandel der Werte spürbar. Ob der Körper einem Ideal entspricht oder nicht, ist nicht mehr wichtig. Jeder Körper wird gleich behandelt und damit gleich wertvoll. Ein Model, das neben einer übergewichtigen Frau liegt, wird dieser damit gleich gemacht. Das wird spürbar und das ist für viele Menschen neu und ungewöhnlich. Man bekommt ein Gefühl, eine Ahnung davon, dass man so akzeptiert wird, wie man ist – unabhängig davon, wie der Körper ist. Der gesunde, starke und Leistung bringende Körper gilt gemeinhin beziehungsweise außerhalb des Krankenhauses als wertvoll – weit weniger dagegen der kranke, hilfsbedürftige und leidende. Viele Patienten erleben sich deshalb als zu fordernd, zu anstrengend, zu mühsam. Von Kindheit an lernen wir, in Beziehungen etwas geben zu müssen. Wir werden so erzogen, dass die Existenz allein noch nicht genügt, damit andere glücklich sind. Wir hören lange Zeit, dass wir etwas geben müssen, um ohne Schuld etwas nehmen zu dürfen. Wer eine Partnerschaft eingehen möchte, in der er etwas erhält, ist es somit gewohnt, etwas geben zu müssen – eine Art unsichtbares Tauschgeschäft. Im Krankenhaus passiert etwas, das dieses Bild von Geben und Nehmen auf mysteriöse Weise ändert. Man spürt plötzlich, weshalb jemand Hilfe gibt, ob jemand gern hilft oder nicht. Man weiß, man gibt etwas von seiner Not, indem man krank wird und sich behandeln lässt. Das genügt Ärzten und

Schwestern, denn sobald die Behandlung eines sozialversicherten Menschen beginnt, erhält ein Krankenhaus Geld dafür. Es ist keine reine Geldbeziehung mehr, keine reine Dienstleistung wie die Reparatur einer Waschmaschine. Aber wenn man gesund ist, fühlt man nicht so.

Ich arbeite seit 2000 als Psychologe in verschiedenen Krankenhäusern und habe in meiner bisherigen Laufbahn noch nie erlebt, dass Arbeitszeiten und Pausen im Krankenhaus eingehalten werden wie bei Menschen, die in der Verwaltung oder in anderen Aufgabenbereichen Beschäftigung finden. Vergleichbar sind Berufe wie die Feuerwehr und Rettungsfahrer, die eine ähnliche Ausprägung für die Wertschätzung ihres Tuns brauchen und nicht ihres Seins. Riskiert ein Rettungsfahrer aufgrund seiner ihm zugeschriebenen Pause das Leben eines anderen Menschen, wird er angezeigt. Diese Liebe für einen Beruf, für eine Tätigkeit ist mehr als das herkömmliche Geben und Nehmen, das wir von Geschäftsbeziehungen kennen. Wird beispielsweise aufgrund einer Krankheit das Geben beeinträchtigt, so entsteht das Gefühl von Schwäche und Unterlegenheit. Um mit diesem Gefühl der Schwäche umgehen zu können, sind wir bereit, etwas Unsichtbares zu geben; zum Beispiel mehr Toleranz, mehr Verständnis als eine Form von Dankbarkeit. Der Wert der Liebe wird bewusst, die Bedingungslosigkeit kann schwer auszuhalten sein.

Die Bedingungslosigkeit von Liebe in Verbindung mit deren Wert lässt sich am ehesten durch eine Art Tauschgeschäft ausdrücken. Zu Beginn einer Beziehung tauscht man Blicke aus, Freundlichkeiten, einen respektvollen Umgang. Jede weitere Art von unsichtbarem Tauschhandel wird vom Wert bestimmt, dem diese Beziehung zukommt. So kann etwa einer den anderen zum Essen einladen, zu einem gemeinsamen Haushalt oder Konto, einer Wohnung oder zu Kindern etc. Ein mutig denkender Mensch, der an die Liebe glaubt, geht diese Art von Tausch freiwillig und rasch ein. Ein ängstlich geprägter Mensch glaubt vielleicht noch an die Liebe, ist sich jedoch nie ganz sicher. Er wird deshalb auf getrennte Konten, getrennte Wohnungen oder sogar einen Ehevertrag bestehen. Es ist nicht die Art, wie man denkt – klassisch oder modern –, ob man sich ganz auf jemanden einlässt, sondern es ist die Ängstlichkeit, die die Skepsis erwachen lässt.

Als Psychologe treffe ich in meiner Praxis auf Menschen, denen das Tauschgeschäft zwischen Nähe und Distanz Probleme bereitet.

2. Die Macht der Liebe

Die Psychologie beschäftigt sich viel mit der Frage, was ein Mensch braucht beziehungsweise welche Grundbedürfnisse er hat. Es gibt mehrere Antworten, etwa die Bedürfnispyramide nach Abraham Maslow, bei der physiologische Bedürfnisse, Sicherheitsbedürfnisse, soziale Bedürfnisse, Individualbedürfnisse und die Selbstverwirklichung gedeckt werden müssen. Andere Modelle wie jenes des amerikanischen Psychiaters William Glasser zeigen ähnliche Bedürfnisse, die gedeckt werden müssen, um ein glückliches Leben zu führen. Man konzentriert sich also sehr bald in der Arbeit als Psychologe auf vorhandene Ressourcen eines Menschen und wie diese genutzt werden können.

Doch sind Ressourcen und Verhaltenskorrekturen tatsächlich die Antwort auf die Frage, wie man ein Mensch der Tat wird? Wie man einer wird, der selbstständig und aktiv sein Leben gestaltet? Die Frage der Motivation, des Antriebs, der Tätigkeit wird durch ein Gefühl beantwortet und nicht durch Ressourcen. Dieses Gefühl heißt Liebe. Was helfen Ressourcen und befriedigte Bedürfnisse, ohne Grund, diese zu benutzen und sich daran zu freuen? Es ist die Macht der Liebe, die sowohl die Erfüllung von Bedürfnissen als auch die Nutzung von Ressourcen festlegt. Die Liebe bestimmt nicht den Wert der Bedürfnisse, sondern jener Menschen, denen die Bedürfnisse dienen. Ein Auto befriedigt das Bedürfnis der Mobilität, dennoch ist Mobilität nicht für jeden Menschen gleich viel wert. Liebt man jemanden, für den Mobilität wichtig ist, so steigt aufgrund der Liebe zu diesem Menschen die Bedeutung und der Wert von Mobilität, selbst wenn man nie vorhatte, darüber nachzudenken.

Bezieht sich die Liebe auf den Wert eines Menschen, so liegt die wahre Macht der Liebe vor allem darin, dass sie die subjektive Wahrheit verändert. In Wahrheit ist dann ein Mensch mehr wert, als er scheint. In Wahrheit hat er dann andere Bedürfnisse, als man ihm zuspricht. Diese neue Wahrheit ist nicht zu sehen als ein neues physikalisches Gesetz, als eine neue Relativitätstheorie, aber sie verändert den Wert, das Bild und damit die Identität einer Person. Nachdem die Liebe immer gut ist, kann man davon ausgehen – sie wertet den Menschen auf.

Die Bedeutung der Liebe will ich am ehesten an der Ironie meines eigenen Lebens beschreiben. Von dem ausgehend stammen alle Überlegungen und Recherchen zu diesem Thema. Ich führe nämlich ein Leben, das alles beinhaltet, von dem viele Menschen träumen, in einem Körper, der nichts von dem leisten kann, was die Gesellschaft heute verlangt und mit dem es mir niemand zutraut. Nicht einmal ich selbst traute mir so viel Freiheit zu und musste erst den Mut fassen, so zu leben, wie ich wollte.

Ohne Liebe ist alles nichts, oder?

*Das NICHTS: Ich wurde 1973 ohne Arme und Beine geboren;
ich kann daher weder mit dem Rad fahren noch auf Beinen
tanzen oder laufen. In der Schule war ich anfangs schlecht
und später mittelmäßig. Soweit mir bekannt, war 1973 nicht
sicher, wie mein Leben verlaufen würde. Keiner konnte sich
vorstellen, dass ich später normal arbeiten, mit dem Auto fahren, Kinder haben, ins Ausland auf Urlaub verreisen sollte.
Dennoch hatten von Beginn an alle meine medizinischen Be-
handlungen und Erziehungsmaßnahmen das Ziel der Freiheit
und Selbstständigkeit.*

*Jeden Sommer verbrachte ich ein paar Wochen im Spi-
tal, immer in der Ferienzeit, damit ich vom Schulunterricht
nichts verpasste. Sämtliche Hilfsmittel nahm ich nur unter
Protest an – entweder waren die Prothesen zu schwer oder
zu langsam. In meinen ersten Rollstuhl wollte ich anfangs
gar nicht einsteigen, denn damit galt ich als behindert. Und
überhaupt, das Wort Behinderung klang so behindert, dass
ich es ablehnte. Als ich als Jugendlicher versuchte, durch
lange, blond gefärbte Haare cool zu wirken, hörte ich Kinder ihre Eltern fragen: »Wieso hat die Frau keine Arme und
Beine?« Selbst ein Studienkollege meinte, ich hätte es gut,
ich müsste mich wenig um mein Erscheinungsbild bemühen,
denn im Rollstuhl sähen sowieso alle gleich aus … Situationen und Reaktionen, die meine Hoffnung auf eine erfolgreiche Zukunft hätten schwinden lassen können. Auch in meiner derzeitigen Lebenslage gibt es immer wieder Menschen,
denen das Nichts aufgrund der körperlichen Umstände auf-
fällt: Meine Familie wohnt derzeit auf dem Land. Dort ist*

es üblich, dass sich alle Bewohner des Ortes zumindest vom Sehen kennen. Noch vor Kurzem, als meine Frau mit den Kindern im Autobus fuhr, erkundigte sich der Fahrer des Busses bei der Freundin meiner Frau, weshalb diese mit mir zusammen sei, wo ich doch so wenig bieten könne und sie so hübsch sei.

Bis heute also lässt mein Körper nicht vermuten, dass ich ein Leben führen kann, das alles bietet.

Das ALLES: Als wertvoll erachtet zu sein, geschätzt zu werden sowie froh darüber zu sein, dass ich da bin, war alles, was mir entgegengebracht wurde. Unabhängig von den körperlichen Voraussetzungen erhielt ich viel Liebe von meiner Familie. Durch die engsten Angehörigen, aber auch durch mich medizinisch behandelnde Ärzte, Krankenschwestern, Physiotherapeuten bis hin zum Reinigungspersonal bekam ich stets das Gefühl vermittelt, als freuten sie sich über mein Dasein. Mir war bewusst, dass viel überlegt wurde, was mir helfen könnte und was nicht. Ich habe erlebt, dass jedes Mal die Freude aller sehr groß war, wenn mir jemand durch seine Überlegungen tatsächlich geholfen und sich hierdurch meine Wahrheit über Behinderung verändert hat. Ich habe also erlebt, dass ich etwas nicht konnte, doch die Vorstellung, wie ich etwas tun könnte, dazu führte, eine neue Identität zu erlangen. Als Beispiel möchte ich den Umgang mit dem Bleistift erwähnen. Als Kleinkind versuchte ich, mit dem Fuß zu schreiben und zu zeichnen. Die Feinmotorik war nicht so zufriedenstellend, wie das bei jemandem ist, der keine Behinderung hat. Nach mehreren Jahren des Schreibens zwischen Kinn und Schulter legte man mir ein Lederband um den Arm herum an und klemmte den Stift dort fest. Nach wenigen frustrierenden

Übungen stellte sich Erfolg ein, und mittlerweile habe ich dasselbe Schriftbild wie jemand, der sein Schreibutensil ganz normal mit den Händen führt.

Ich wurde nicht nur geliebt in dem Sinne, dass man sich stets über mich freute, sondern geliebt, indem ich in meinen Wünschen und Sorgen ernst genommen wurde, und dabei gleichzeitig so gefordert, als hätte ich keine Behinderung. Alle, die mich liebten, schienen stolz auf mich gewesen zu sein, so wie ich war, und dafür, was ich konnte. Wie in meinen früheren Büchern »Ohne Leib, mit Seele« und »Ein ziemlich gutes Leben« bereits angerissen, wurde in meinem Leben nicht darauf geachtet, was ich nicht tun konnte. Vielmehr wurde probiert, wie ich das, was ich wollte, erreichen könnte. Erreichte ich ein bestimmtes Ziel nicht, ließ meine Umgebung normale Trauerreaktionen inklusive Ärger bei mir zu und durchlebte sie auch mit mir gemeinsam. Diese Form von Zuwendung war alles, was ich benötigte, sodass ich all das NICHTS in meinem Leben nicht nur gut ertragen konnte, sondern damit gut zu leben lernte. Ich wurde im Kindergarten, später in der Schule, aber auch im Spital als Patient, an der Universität ebenso wie bei meinen Urlauben jeweils so freundlich und gut aufgenommen, als hätte ich ALLES, was ein Mensch braucht. So habe ich dann ALLES erreicht, was ich erreichen wollte beziehungsweise brauchte, um jenes Leben führen zu können, von dem ich träumte: Ich habe studiert, ging für ein Jahr allein ins Ausland, hatte dieselben Probleme wie meine Kollegen und Freunde, die Liebe zu finden, habe schließlich geheiratet und eine Familie gegründet. Ich arbeite an einem der größten Spitäler Europas als Psychologe, fahre Auto, bin Buchautor, Keynote Speaker und ein Experte für Motivation, Resilienz und Veränderung.

Es war die Liebe der Familie und der Ärzte / Behandler, die meine Realität und damit meine Wahrheit im Leben verändert haben.

Der letzte große Schritt meiner subjektiven Wahrheit in Richtung allgemeine Wahrheit war jener, als ich den Führerschein machte. Wohl wissend, dass eine Armee von Menschen, die an den Folgen der Contergan-Katastrophe litten, mit dem Auto selbstständig fahren konnte, musste ich in Wien erst unter Beweis stellen, dass ich gleichfalls dazu fähig war. Zahlreiche medizinische Überprüfungen meines Körpers und technische Gutachten haben letzten Endes aus meiner subjektiven eine allgemeingültige Wahrnehmung gemacht.

Die Macht der Liebe besteht folglich darin, dass sie die Wahrheit verändern kann, indem sie den Wert einer Person, einer Tätigkeit oder eines Gegenstandes beeinflusst. Als Psychologe ist man auch darum bemüht, die Wahrheit festzustellen, besonders wenn es darum geht, welcher Elternteil sich bei einer Scheidung um ein Kind kümmern darf. In Wahrheit sitzen abwechselnd Vater und Mutter getrennt voneinander beim Psychologen und stellen ihre Sichtweise dar, wie der jeweils andere mit dem Kind umgeht. Hieraus ergeben sich oftmals zwei Wahrheiten. Beide haben recht und beide argumentieren schlüssig und nachvollziehbar, weshalb der jeweils andere die Unwahrheit erzählt. Das Problem ist ähnlich wie der Streit um die Religionen. Wer hat recht, die Katholiken oder die Protestanten? Der gesamte Dreißigjährige Krieg ging um die Wahrheit. Der Satz des französischen Philosophen René Descartes »Ich denke, also bin ich« war das Ergebnis des Krieges. Mittlerweile besteht

Gewissheit darüber, dass Gedanken den Gefühlen folgen. Diese Wahrheit wird unter anderem vom Neurologen António R. Damásio propagiert und in seinem Buch »Ich fühle, also bin ich« nachvollziehbar beschrieben. Unter der Annahme, dass die sogenannte Kraft des Lebens, die uns jeden Tag antreibt, nur dann als wertvoll erachtet werden kann, wenn wir lieben, gilt es auch, das Konzept »Ich fühle, also bin ich« zu hinterfragen. Denn ohne die Liebe bin ich nicht gern. Ohne die Liebe gibt es keine Zustimmung zur Welt, keine Zustimmung zum eigenen Schicksal und zur eigenen Lebensaufgabe. Die Erkenntnis des Dreißigjährigen Krieges darf daher verändert werden in die Devise: »Ich liebe, also bin ich.«

Liebe bedeutet also, die eigene subjektive Wahrheit durch Wertschätzung Wirklichkeit werden zu lassen. Aber Werte betrachten wir nicht als individuell, sondern als gesellschaftlich relevant.

Gesellschaftliche Werte verändern sich ständig. Besonders deutlich, wie sich unsere Gesellschaft verändert, wurde dies in einem Vortrag von Professor Erich Hamberger am 12. Oktober 2017 über das Ego als Kommunikationsbehinderung. Aus psychologischer Sicht sind Gefühle mit Werten verbunden und damit auch für Psychologen relevant. Denn ein veränderter Wert bedeutet, dass etwas anderes als richtig und wertvoll gilt. Das, was als richtig gilt, wird angestrebt und öffentlich geliebt. Nur das, was als richtig gilt, darf man lieben. Liebt man etwas, das als wertlos und damit als falsch gilt, so wird es entweder »richtig gemacht« – als wertvoll deklariert – oder abgelehnt. Die nachfolgende Tabelle zeigt, was als richtig und damit als liebenswert galt und gilt.

	Mittelalter (ca. 500-1500)	Moderne (ca. 1500-2000)	Postmoderne (ca. 2000-x)
Erkenntnis durch...	Verstehen der Tradition	Wissenschaftliche Erforschung	Erforschung und Erleben.
Höchste Instanz	Autoritäten	Vernunft	Mein Erlebnis.
Religion	Ist die Normalität und Basis.	Ist eine Illusion.	Ja, wenn sie hilft und andere toleriert.
Einheit durch...	...einen Glauben.	...eine Vernunft.	Vielheit statt Einheit.
Motto	»Glaube, um zu erkennen.«	»Wissen ist Macht.«	»If it makes you happy, it can't be that bad.«

© Erich Hamberger

Die große Einschränkung der Wertschätzung besteht jedoch darin, dass früher wie heute Lebensbereiche existieren, die wir als wertlos beziehungsweise als falsch empfinden, obwohl dies nicht sein muss. Hierdurch schließen wir all jene Menschen aus, die andere Werte vertreten. Im Mittelalter herrschte die Meinung, dass »das Böse« den Kindern ausgetrieben werden müsse. Unter anderem konnte diese Austreibung durch Schläge erfolgen. Gerade weil sie ihre Kinder liebten, haben die Eltern sie geschlagen, um sie von dem Bösen zu befreien. Derzeit leben wir in einer Gesellschaft, in der gegensätzliche Meinungen richtig sein können. Jedoch auch heutzutage sind die Probleme von unterschiedlichen Wertigkeiten noch nicht gelöst, es wird weiterhin gestritten. In der Wissenschaft gilt als richtig, was beweisbar ist und damit liebenswert. Die vorgestellte Tabelle beinhaltete ursprünglich keine Zukunftsvision. Die Erweiterung um die Zukunftsvision von Liebe war deshalb notwendig, um eine direkte Verbindung zwischen gesellschaftlichen Werten und subjektiven Gefühlen herzustellen. Denn heutzutage besteht nach wie vor die grundlegende Problematik des Konflikts um die Wahrheit – genau gesagt um die subjektive Wahrheit einer einzigen Person, die es schafft, dass viele Menschen dieser subjektiven Wahrheit glauben und dadurch einen gesellschaftlichen Wert beeinflussen. Damit ist gemeint, was wertgeschätzt werden kann, darf und soll und was aus unserer Gesellschaft verbannt werden soll. Um dieses Problem, das im Grunde genommen jenes der Wertschätzung und Liebe ist, anders zu betrachten, wurde diese Tabelle um die Spalte der Zukunft erweitert. Bisher wurden in der Geschichte die Werte vor allem deshalb verändert, um das Leid und die Aggression zu reduzieren. Die Idee, sich an dem Konstrukt Liebe zu orientieren, basiert sowohl auf meiner eigenen Geschichte im Umgang mit der Behinderung als auch auf meiner Erfahrung als Psychologe.

	Mittelalter Ca. 500–1500	Moderne Ca. 1500–2000	Postmoderne Ca. 2000–X	Zukunft Zeit der Freiheit
Erkenntnis durch ...	Verstehen der Tradition	Wissenschaftliche Erforschung	Erforschung und Erleben	Interesse durch Liebe
Höchste Instanz	Autoritäten, Priester und Gelehrte	Vernunft	Mein Erlebnis	Mitgefühl und Mitleid
Religion	Ist die Normalität und Basis	Ist eine Illusion	Ja, wenn sie hilft und andere toleriert	Eine Hilfe für jene, die nicht lieben
Einheit durch ...	Einen Glauben	Eine Vernunft	Vielheit statt Einheit	Gefühl / Mitgefühl
Motto	Glaube, um zu erkennen	Wissen ist Macht	If it makes you happy, it can't be that bad	Liebe und lebe

Wozu so viel Liebe?

Es ist eine Tatsache, dass man aus Liebe den Wert eines Menschen verändern kann und damit die Wahrheit über diesen Menschen zeigt, dass das Thema Liebe nicht auf eine Beziehung reduziert werden darf. Alles, was man denkt und tut, muss aus einem selbst heraus mit Liebe in Verbindung stehen. Dieses Denken ermöglicht, nicht den Blick für das Wesentliche eines Lebens zu verlieren. Als Psychologe mit Menschen zu arbeiten, die depressiv, ängstlich oder zwanghaft sind, ist es sehr verlockend, wissenschaftlich sachlich zu denken und sich an der Vernunft zu orientieren. Die Vernunft sitzt im Gehirn. Jeder, der seine Patienten auf die Vernunft und das, was im Gehirn passiert, reduziert, läuft Gefahr, zu vergessen, was sie krank macht. Allein dieses wissenschaftliche Denken schließt nicht nur den Körper des Patienten aus, sondern auch alle anderen Menschen, mit denen jener Patient zu tun hat.

Die Bedeutung der Liebe wird auch bewusst, ruft man sich in Erinnerung, was die Entstehung von psychischen Erkrankungen ausmacht: Deren Hauptursache liegt in fehlgeschlagenen Beziehungen. Und wie kommt es dazu, dass Beziehungen stressen und nicht funktionieren? Stress entsteht nur, wenn die Wertschätzung und damit das Verständnis für jemanden / für etwas fehlt. Somit ist es die fehlende Liebe und nicht das gegensätzliche Denken, welche als Hauptursache für die Entstehung psychischer Erkrankungen betrachtet werden muss. Man kann sehr wohl gegensätzlich denken und gleichzeitig den anderen wertschätzen und mögen. Denn nur das Wertschätzen und Mögen einer Person führt dazu, die

Gegensätze und damit den anderen Menschen verstehen zu wollen. Gelingt das nicht, erfolgen Ablehnung, Gleichgültigkeit sowie der Rückzug auf die eigene Realität. Man grenzt sich jedoch nicht nur vom gegensätzlichen Denken ab, sondern gleich ganz von der anderen Person. Nur die Liebe – entweder zu einer Person oder das Interesse am Wissen dieser Person (ebenfalls eine Form von Liebe) – führt dazu, eine Diskussion zu beginnen und das Gegenüber nicht wie Luft zu behandeln. Erst durch ein Gespräch lässt sich feststellen, dass man den anderen nicht versteht, und kann darum gebeten werden, noch einmal darzustellen, wie etwas gemeint ist. Sich beruflich oder privat einem Menschen oder Thema lieblos gegenüber zu verhalten bedeutet: Das interessiert mich nicht, das will ich nicht wissen, die Realität eines anderen Menschen zählt nicht. Damit wird ein anderer Mensch nicht nur nicht verstanden, sondern auch nicht toleriert.

Lieben heißt nicht immer verstehen müssen

Eine Frau kommt zu mir in die Praxis mit der Bitte, eine Änderung in ihrem Pass vornehmen zu wollen. Sie wäre jetzt eine Frau, jedoch stehe in ihrem Pass als Geschlecht noch männlich. Anschließend berichtete sie/er, wie es dazu kam, dass sie/er sich in ihrem/seinem Körper nicht mehr wohlfühlte und sich schließlich für eine Geschlechtsumwandlung entschied. Diese war chirurgisch noch nicht vollkommen vollzogen. Um auf Reisen nicht in Konflikte zu geraten, wolle sie/er ihre/seine subjektiv richtige Geschlechterrolle im Pass eingetragen haben und nicht die derzeit noch anatomische. Denn sie/er war bereits äußerlich und aufgrund der hormonellen Medikamente eine Frau. Der subjektive Leidensdruck und die sozialen Umstände ließen eine Änderung des Geschlechts im Pass bereits vor der geschlechtsumwandelnden Operation aus psychologischer Sicht als notwendig erscheinen.

Fehlt es jemandem an Liebe, wie beispielsweise für das Thema einer Geschlechtsumwandlung oder einer Identitätskrise, so äußert diese Person Sätze wie: »Bleiben Sie realistisch, das muss so sein, das war immer so, bei mir gibt's das nicht, Sie sind schuld, wenn etwas passiert …« Diese Art zu denken und zu sprechen gilt auch für andere Lebensthemen. Solche Äußerungen schließen jede andere Möglichkeit aus. Sie gewähren kein Hoffen und deuten nicht an, dass sich etwas entwickeln könnte, oder gar, dass in unserer Gesellschaft etwas fehlt. Sehr hart formuliert: Das lieblose Leben und das lieblose Denken funktionieren nur dann, solange nichts Außergewöhnliches, nichts Neues eintritt, über das neu nachgedacht werden muss. Tritt eine ungewohnte Situation ein und entwickelt man nicht Interesse, Neugierde oder Liebe für diese neue, ungewohnte Situation, so werden das Denken und Handeln eingeschränkt. Damit erfolgt der Rückzug zu den Formularen der Bürokratie, dem drohenden Verlust, der Angst vor mehr Verlust, der Stimmung der Zeit, die unsere Freiheit beschränken will. Besonders wer in der Wissenschaft arbeitet, weiß um die Schwierigkeit, eine neue Errungenschaft in ein bestehendes System zu integrieren. Dasselbe gilt für Menschen, die selbst eine Behinderung haben, die aus dem Ausland kommen, die einer anderen Religion angehören und in ein bestehendes System integriert werden wollen.

Es ist nämlich ausschließlich die Liebe, die die Freiheit gewährt, bestehende Denkmuster infrage zu stellen und zu erweitern. Frei so zu sein, wie man ist, und das zu tun, was man kann. Der Nicht-Liebende empfindet die Freiheit als

Frechheit. So kann es passieren, dass jener, der als unverschämt dargestellt wird, aufhört zu vertrauen und anfängt, sich zu ärgern. Ganz schnell hasst man dann die ganze Welt und die Liebe existiert nur mehr in einer sehr kleinen Gruppe von Menschen, die sich von allen anderen abgrenzt. Beginnt eine Diskussion auf einer Ebene, auf der Respekt vor dem Wesen des anderen nicht im Vordergrund steht, so wird all das, was derjenige ist, überflüssig. Logisch betrachtet oder auch lieblos argumentiert wird alles, was nicht verstanden wird, als wertlos dargestellt. Ich bin trotz meiner Behinderung ein erfolgreicher Mensch – durch die Freiheit, auf mich achten zu können. Wieso entscheiden sich dann nicht alle Menschen für die Liebe? Weil sie wehtut, in vielerlei Hinsicht. Liebe schränkt die Freiheit ein, denn man gibt etwas auf, um etwas zur Liebesbeziehung beitragen zu können.

Jedoch auch die Lieblosigkeit führt wie die Freiheit zum Erfolg. Der Preis der Lieblosigkeit ist die Einsamkeit. Ein Preis, den heutzutage etliche Menschen bereit sind, in Kauf zu nehmen. Viele halten sich dadurch für unfrei.

Mit der Frage, was Liebe ist und wie man damit umgehen kann, konzentriert sich dieses Buch darauf, sich den Blick auf das Wesentliche im Leben zu erhalten: Zu sehen, worauf es im Leben ankommt, trotz der Erkenntnis, wie grausam oft mit dem Wesen der Menschen umgegangen wird. Als Psychologe höre und sehe ich es täglich und ich bin froh, dass ich bin, wie ich bin, denn nur dadurch habe ich erkennen und erfahren können, was wirklich wichtig ist: Ich habe ALLES, was wichtig ist, erhalten, obwohl ich NICHTS hatte und habe. Wer sich auf die Liebe konzentriert, schafft es, aus dem NICHTS ALLES werden zu lassen und sich die Freude und Kraft zu bewahren, um diese weiterzugeben.

Diese Darstellung von ALLES oder NICHTS lässt mich als Psychologe zu dem Schluss kommen: Der Stress, den jemand im Leben hat, hängt ausschließlich von einer Beziehung ab und nicht davon, was man als Mensch leisten kann. Die Sorge, in einer Beziehung nicht den geforderten Werten zu entsprechen, kann derart belastend sein, dass man von Stress spricht. Je mehr Liebe, je bedingungsloser Werte und Wünsche geäußert werden, desto höher die Wahrscheinlichkeit, diese zu erfüllen. Der Stress im Leben beschränkt sich nicht nur auf körperliche Fähigkeiten, sondern lässt sich auch auf das Thema Gesundheit oder Geld anwenden. Ob man über viel Geld verfügt oder nicht, wird erst zum Stress, sobald ein anderer Mensch Geld fordert.

Ist dieser radikale Liebesansatz wirklich immer notwendig oder kann man nicht einfach sachlich und nüchtern Situationen betrachten und überstehen? Wie lässt sich rational über Arbeitslosigkeit oder Krankheit nachdenken? Im Umgang mit der Gesundheit beispielsweise kann man zwischen Gesund und Angenehm unterscheiden. Unlängst bei einer Stoma-Tagung erfolgte eine sachliche Diskussion über die Auswirkungen einer Darmerkrankung auf die Lebensqualität des Betroffenen. Damit ist gemeint, dass eine Krankheit auf den Alltag des Patienten – im Sinne von einschränkend – wirklich unangenehme Folgen haben kann, insbesondere bei Erkrankungen des Darmes. Abgesehen von den starken Schmerzen und dem reduzierten Speiseplan wirkt sich ein kranker Darm auch auf die Toilettengänge des Betroffenen aus, der hierfür mitunter Hilfe benötigt und womöglich nicht immer gut riecht. Lieblos-sachlich betrachtet könnte man sagen: Man stinkt. Liebevoll ausgedrückt muss man sagen: Jeder Mensch stinkt, auch wenn wir der Meinung sind, ungefähr ab dem dritten Lebensjahr beginnen wir, sauber zu werden. Selbst wer sich sauber fühlt, ist es im Grunde nicht. Keiner wird sauber, wir machen nur nicht mehr in die Windel. Wird man etwas älter, kann sich das wieder ändern. Man wird aber deshalb nicht schmutziger als früher. Die Einstellung zu allen menschlichen Bedürfnissen lässt sich im Falle einer Krankheit nur dann erfolgreich in den Alltag integrieren, sollten menschliche Bedürfnisse mit viel Liebe betrachtet werden. Nur so kann der Eindruck entstehen, dass in einer Beziehung mehr Nähe entsteht, wenn der Partner helfen muss. Ohne die liebevolle Betrachtungsweise muss der Eindruck erwachsen, eine Einschränkung zu erleben.

Liebe hart erarbeitet

Jedes Kind lernt spielerisch mit Neugierde und Freude, mit Liebe an etwas. Kaum beginnt man sich auf das Lernen zu konzentrieren und zu prüfen, was gelernt wurde, tritt die Freude an der Sache in den Hintergrund. Das Lob und die Freude – und damit verbunden die Liebe – stellen sich nur mehr bei Erfolg ein, also wenn etwas nachweislich gut gelernt wurde. Auf diese Art lernen wir, dass Leistung und Lernen nicht mit Liebe zusammenhängen müssen. Wir lernen auch, dass wir uns nach der Schulzeit nur mehr mit Dingen beschäftigen, die wir lieben. Wer beispielsweise nicht gelernt hat, eine andere Sprache zu lieben, eine andere Sprachmelodie zu imitieren und neue Ausdrücke für sein Leben spielerisch zu verwenden, der wird sehr wahrscheinlich keine

Fremdsprache erlernen. So geht es mit allen Wissensgebieten, die in der Kindheit auf solche Art vermittelt werden. Ohne Liebe keine Beschäftigung mit einem Thema.

»Wozu lesen?«, fragt jener, der keine Liebe beim Lesen verspürt. Der Trend zum Zweitbuch spiegelt das Gefühl der fehlenden Liebe an der Aktivität des Lesens sowie an der fehlenden spielerischen beziehungsweise liebevollen Beschäftigung mit einem neuen Thema wider. Doch woher weiß man, was man liebt? Für das Lesen gilt dasselbe wie für die Musik: Musik kann ich nicht wissen, sondern muss sie hören. Die Wissensfrage hat in der Liebe wenig zu suchen. Das Gefühl dient zur Orientierung. Wer seinen Partner immer prüft, ob er ihn noch liebt, der weiß es. Man weiß jedoch nicht, weshalb man prüft und es entsteht Misstrauen, und die Liebe droht zu verschwinden.

Wir lernen: Wer beruflich erfolgreich sein möchte, der weiß, dass man sich den Erfolg erarbeiten muss – ohne Liebe, denn geliebt wird der Erfolg. Mit Erfolg hat man so viel Freude, dass man ihn weiterhin anstrebt und auch als Liebe bezeichnen kann. Ein Bauer weiß, dass er viel säen muss, will er eine reiche Ernte einfahren. Auch die Freude am Arbeiten, die Liebe zur Anstrengung und Mühe muss man sich erarbeiten. Muss deshalb, da man die Kraft braucht, um zu arbeiten und durchzuhalten. Und woher stammt die Kraft? Aus der Freude und damit Liebe am Tun oder aus der Freude am Erfolg. Auch Angst und Zwang können motivieren und die Energie bieten, um die Mühen des Alltags zu bewältigen. Zu dieser Art von Motivation sagen wir Stress und dieser wird als unangenehm und ungesund bewertet. Die Freude zur Anstrengung oder auch die Liebe für die Mühe kommt durch die Bewertung einer Arbeit. Der Wert wird entweder direkt erfahren, wenn

Sinnvolles und Nützliches getan wird, oder indirekt durch die Belohnung, durch die Hoffnung auf den Erfolg gegeben. Aus Liebe etwas zu tun bedeutet aber, dass die Handlung selbst die Belohnung ist. Bei unserem Job wissen wir, was zu tun ist, um die Mühe auf sich zu nehmen. In der Wissenschaft ist es die Freude am Erkennen, das Interesse an einer Arbeit, welche Kraft geben, weiterzuarbeiten. Weil es mir die Erkenntnis wert ist, bleibe ich beispielsweise länger im Büro. Die Liebe für die Mühe der Arbeit kann anhand von schlussfolgerndem Denken wertgeschätzt werden. Das bedeutet, ich kann eine Wenn-dann-Konstruktion verwenden, um mich zum Arbeiten zu motivieren: Erst wenn ich zu viel arbeite, fällt mir wieder ein, eine Pause zu machen und zu entspannen. Im wissenschaftlichen oder im Kreativbereich weiß man, dass die besten Ideen beispielsweise beim Duschen kommen. Versucht jemand etwas mit Druck zu erledigen, so wird seine Kreativität erdrückt und kann nicht ausgedrückt werden. Es lohnt sich daher, lockerzulassen, um erfolgreich zu sein.

»Wenn-dann« in der Liebe

In der menschlichen Beziehung ist es nicht so einfach mit »Wenn« und »Dann«.

Was muss getan werden in einer Beziehung, um sie als erfolgreich bezeichnen zu können? Wie erhält man sich die Freude am Zusammensein? Findet man die große Liebe und heiratet, so knüpft sich daran automatisch die Erwartung, am nächsten Tag glücklich aufzuwachen. Also: *Wenn* ich heirate, *dann* bin ich glücklich. Es ist ein Erfolg, der erwartet wird, ohne etwas dazu beitragen zu müssen. Die Liebe zu finden ist ein großer, wichtiger und manchmal komplizierter Schritt, aber es ist der erste Schritt. Wie der erste Arbeitstag wird der erste Beziehungstag oft nicht betrachtet. Viele fragen sich nicht wie in der Arbeit: »Was kann ich tun, um Harmonie herzustellen?«, sondern die Harmonie wird erwartet. Wir sind es nämlich gewohnt, zwischen Arbeitszeit und Freizeit zu unterscheiden. Der Körper aber kennt nur Lebenszeit. Innerhalb einer Arbeitsbeziehung wird der Wert des Mitarbeiters durch seine Leistung bestimmt. »*Wenn* ich etwas tue, *dann* bin ich etwas wert«: Mit diesem Gefühl gehen viele Menschen nach Hause und übertragen jenes »Wenn-dann«-Denkmuster auf den Partner und auf alles, was getan wird. »*Wenn* er kocht, *dann* liebt er mich.« – »*Wenn* er für mich einkaufen geht, *dann* steh' ich in seiner Schuld.« – »*Wenn* ich nicht aufräume, *dann* bin ich ein schlechter Hausmann.« Die Bedingungslosigkeit wird nicht mehr gespürt und wir suchen uns Beschäftigungen, um den eigenen Wert zu bestätigen und zu spüren. Beginnt man in Gefühlen zu denken, so ist zwischen dem, was ich tue, und dem, was ich fühle, nicht zu unterscheiden. Auch große Gedankensprünge sind möglich, die jenseits von »Wenn-dann« liegen. Beispielsweise: »*Wenn* sie sich schminkt, *dann* muss sie einen Grund haben, um gut aussehend außer Haus gehen zu wollen. Die hat bestimmt einen anderen Mann.«

Dieses »Wenn-dann«-Denkmuster stellt eine Beziehung zwischen zwei Gegebenheiten dar, die nicht zusammenhängen müssen. Die Bedingungslosigkeit von Liebe wird hier vergessen. Leider tritt dieses Gedankenmuster in vielerlei Hinsicht auf. So ist es nur für den Gedanken möglich, zwischen Arbeitszeit und Freizeit zu unterscheiden. Oder zwischen einer Zeit, die jeder für sich braucht, und einer Zeit, die man als Paar benötigt. Man ist nur für sich ein Paar. Somit ist jede Zeit für sich. Auch die Arbeitszeit ist eine Zeit, die man mit sich verbringt. Sie ist genauso wertvoll für sich selbst wie die Freizeit. Es ist wichtig, sich immer daran zu erinnern: Es gibt nur eine Lebenszeit. Der Körper kann nicht unterscheiden zwischen Arbeitszeit und Freizeit. Geht es um die Liebe, so kann man auch sagen: Wie beim Einkaufen verhält es sich auch beim Heiraten – so, als würde durch das Geständnis der Liebe, durch das kleine Wörtchen »Ja«, etwas erworben werden, das glücklich macht. Tatsächlich haben wir mit diesem »Ja« einen Menschen an unserer Seite, aber gemeinsam haben wir dann auch mehr von dem, was wir sind. Sehnen wir uns nach Harmonie, so spüren wir gemeinsam mehr Sehnsucht und finden nicht automatisch eine befriedigte Sehnsucht. Treffen sich zwei Menschen, die Angst haben, kann sich auch die Angst vermehren. Es lohnt sich also, darauf zu achten: Wer bin ich? Und wonach sehne ich mich? Denn genau das vermehre ich, sobald ich eine Beziehung mit einem anderen Ich eingehe.

Freude am Arbeiten?

Seit geraumer Zeit schreibe ich als Psychologe Gutachten für Menschen, die keine Kraft mehr haben, um zu arbeiten. Mit den Diagnosen von Depression, Angst, Schlafstörungen, Gedanken an die Arbeit und Burn-out ist nicht nur die Freude am Arbeiten vergangen, sondern vor allem die Energie, die Arbeit zu bewältigen, nicht mehr vorhanden. Die Situation jener Personen zeigt, dass die Anstrengung und Mühe der Arbeit als selbstverständlich genommen wird, und dass der Wert der Arbeit nicht einmal mehr in der Bezahlung liegt. Das führt dazu, dass die Bedeutung der Freude am Arbeitsplatz verloren geht. Die Kraft des Lebens aber, die im Körper vorhanden ist, bleibt und strebt nach außen. Kann sie nicht mithilfe der Freude an etwas positiv genutzt werden, so wandelt sie sich in etwas Negatives. Beziehungen lassen sich nicht mehr positiv gestalten und so entstehen psychische Krankheiten. Da wir aber Energie brauchen, um zu arbeiten, beginnen wir, uns die Energie für die Arbeit anderswo zu »holen«, bevor wir psychisch krank werden. Wir beziehen sie entweder aus der Angst, entlassen zu werden, oder aus Beziehungen zu Kollegen. Haben wir Kollegen, die wir mögen, so fällt es leicht, die Freude an der Arbeit zu erhalten. Der Wert der Mühe, in der Früh aufzustehen und in die Arbeit zu gehen, wird durch die Freude auf die Kollegen gegeben. Der Sinn einer Arbeit – und damit ihr Wert – steht dann im Hintergrund. Mögen wir die Kollegen etwas weniger, bieten sie eine gute Möglichkeit, um den Frust der Mühe, frühmorgens aufzustehen, an ihnen auszulassen. Fehlt es an Energie, die aus Liebe kommt, so »holen« wir uns die Energie, in die Arbeit zu gehen, aus dem Frust der fehlenden Liebe. Manche Menschen halten diesen Frust nicht aus, nehmen ihn persönlich und leiden infolgedessen an Depressionen oder Ängsten. Die Kraft des Lebens wird in Leid umgewandelt.

Die Art, mit Liebe umzugehen, beginnt nicht erst in der Arbeit. Bereits im Kindergarten und in der Schule werden wir mit Freude und Interesse, aber auch mit Frust und Leid konfrontiert. Schafft es ein Pädagoge, das Interesse und damit die Freude für ein Sachgebiet, beispielsweise am Rechnen oder am Lesen, zu wecken, entwickelt sich daraus im günstigen Fall Liebe für diesen Gegenstand. Frust und Leid werden weniger, denn die Freude am Unterrichtsfach verleiht Kraft, in die Schule zu gehen. Konzentriert sich ein Schulkind auf Noten, also auf den Erfolg, wird es sich nur auf den Besuch des Unterrichts freuen, wenn es gute Noten hat oder falls nette Mitschüler dort sind. Hier wird Liebe lediglich im Erfolg oder im erlebten sozialen Alltag mit Freunden gespürt, aber nicht mehr beim Lesen, Schreiben oder Rechnen selbst. Das bedeutet, eine Tätigkeit wie Lesen wird nicht mehr um ihrer selbst willen aus Liebe und Interesse verrichtet.

Die Erarbeitung der Liebe für eine Sache ist vor allem auch deshalb für eine Liebesbeziehung wichtig, da sie den Inhalt einer Beziehung bestimmt. Erst wer eine Liebe für etwas hat, kann mit einem anderen Menschen gemeinsam über etwas reden. Wer Liebe nur in einer Beziehung mit einem anderen Menschen erlebt, wird an die Grenzen der Beziehung stoßen, sobald die sogenannten Ziele erreicht sind. Beziehungsziele können sein: ein Haus, Garten, Hund, Kinder, Reisen und Konsum. Wer sonst nichts liebt, wird wenig mit seiner großen Liebe teilen können.

3. Liebe als Kompass

In der Psychologie geht man der Frage nach, wozu Gefühle dienen. Es ist klar, dass es kein unnötiges Gefühl gibt. Kein Gefühl, das nutzlos, keines, das überflüssig, keines, das wichtiger oder unwichtiger wäre. Jedes Gefühl in uns Menschen hat eine bestimmte Aufgabe. Als Psychologe muss man herausfinden, was ein Gefühl bedeutet, welche Art von Sonderform der Kommunikation also im Körper eines Menschen herrscht. Mit dieser Grundeinstellung habe ich meine Tätigkeit als Psychologe aufgenommen. Man lernt ein mechanisches Denken, das einen Zusammenhang sucht zwischen Denken, Fühlen und Handeln. Es gibt natürlich auch andere Fragen, wie zum Beispiel, wie man motiviert bleibt, wie man sich weniger stresst, aber alle diese anderen Fragen hängen ursprünglich mit der Frage nach den Gefühlen zusammen. Erst wenn geklärt ist, was ein Gefühl ist und welchen Stellenwert Gefühle haben, kann man eine richtige Antwort auf die übrigen Fragen finden. Im Studium wurde das Gefühl der Liebe nicht separat behandelt und schon gar nicht als treibende Kraft menschlichen Handelns dargestellt. Dafür wurde die Sexualität herangezogen, neben dem Streben nach Macht und Sinn. Über eine gesunde Sexualität wurde ebenfalls nicht gesprochen, sehr wohl aber über sexuelle Funktionsstörungen aller Art.

Kurz nach Abschluss des Psychologiestudiums habe ich mich auf das konzentriert, was während der gesamten Ausbildung stark in den Hintergrund getreten ist. Es ist das Wissen, das aus den Opern kommt, aus den Gedichten und aus den Dramen. Auch wenn wir lernen, dass alle Gefühle gleichwertig sind, so ist es wichtig, zu beachten, dass sich auch Gefühle an etwas orientieren. Wenn man sich also darauf einigt, dass ein Gefühl eine Spannung im Körper eines Menschen ist, so wird auffallen, dass es Spannungen gibt, die wir anstreben, und solche, die wir vermeiden. Auf der Suche danach, wonach sich Gefühle orientieren, stößt man auf Stimmungen. Um für sich selbst herauszufinden, mit welchen Gefühlen man sich beschäftigt, ist es gleichzeitig bedeutend, darauf zu achten, welcher Stimmung die Gefühle folgen. Als Kompass dargestellt, wie in der nebenstehenden Grafik, ist die Liebe der sogenannte Nordstern. Die Liebe als Stimmung ist somit eine Orientierung, der alle Gefühle folgen. Diese wären Freude, Schuld, Scham, Wut, Trauer, Neid und Angst. Innerhalb der Liebe sind alle Gefühle erlaubt, gut und richtig. Ein Problem stellt ein Gefühl nur dann dar, wenn es einer anderen Stimmung folgt. Diese anderen Stimmungen wären primär das Gegenteil von Liebe: die Gleichgültigkeit. Wer in dieser Stimmung ist, wird alle Gefühle sehr abgeschwächt erleben. Eine weitere Stimmungsachse liegt zwischen Hass und Hilflosigkeit. Auch ein hasserfüllter Mensch kann alle Gefühle erleben, jedoch hat man beispielsweise nur mehr Freude, wenn es jemand anderem schlecht geht.

Selbst wenn die Liebe, als deren Hauptausdrucksform das Gefühl der Freude gilt, mit Sinnhaftigkeit verbunden wird, so ist sie doch mehr. Eine emotionale Stimmung ist jene Spannung, die als richtungweisend für alle Gefühle agiert – so wie eine Art innerer Kompass. In einem Kompass orientiert sich alles an der Himmelsrichtung Norden, im menschlichen Körper richten sich sämtliche Gefühle an der Liebe aus.

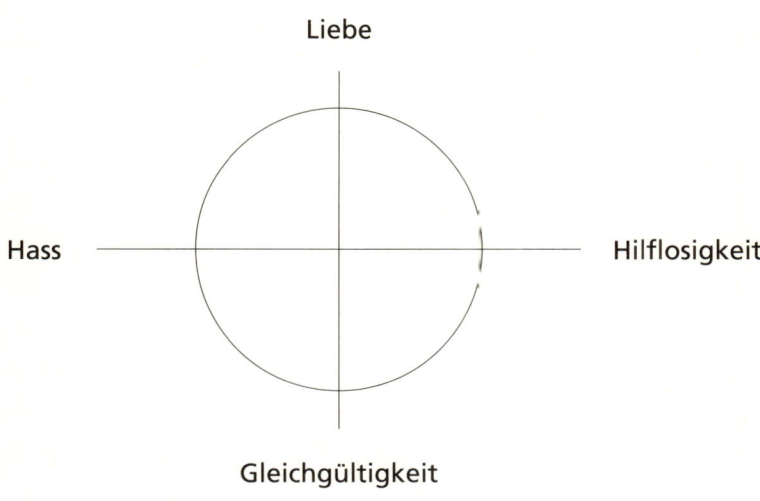

Orientieren sich alle Gefühle an der Liebe, bedeutet dies, dass ein Mensch, der liebt und Liebe annehmen kann, ausgeglichen ist. Unausgeglichen zu sein heißt entweder,

1. sich nicht liebenswert genug zu fühlen und damit unverdient (der eigenen Meinung nach) zu viel Liebe zu bekommen oder
2. sich nicht genug geliebt und damit sich als zu wenig beachtet zu fühlen.

Beiden gemeinsam ist, dass diese Gefühlsabweichungen den Eindruck von »ungenügend« und »klein sein« vermitteln. Nur die Liebe und die Gleichgültigkeit gegenüber einem Menschen erlauben das Gefühl, genug zu sein, groß zu sein. Möchte man sich also nicht damit auseinandersetzen, weshalb man nicht liebenswert ist, genügt es, das Mitgefühl für einen Menschen komplett auszuschalten, ihn zum Unmenschen zu degradieren und damit gleichgültig zu beobachten.

1. Deutet die Nadel des Liebeskompasses in Richtung »Scham, Verzweiflung, Angst«, wird derjenige, der die Angst, Verzweiflung oder Scham verspürt, sehr viel in die Beziehung einbringen. Das Ungleichgewicht, das dadurch in der Beziehung entsteht, wird in der eigenen Schwäche gesucht und richtet sich somit wieder gegen sich selbst. Solche Menschen konzentrieren sich darauf, alle Wünsche des Partners möglichst zu erfüllen und stellen ihre Bedürfnisse in den Hintergrund. Sie halten die eigenen Wünsche zurück, weil sie schon froh darüber sind, überhaupt jemanden gefunden zu haben, der mit ihnen zusammen sein möchte. Menschen mit niedrigem Selbstwert, Krankheiten, Behinderung oder Übergewicht tendieren dazu,

Liebesbeziehungen derart zu gestalten, um Harmonie zu erreichen. Wenn der Zu-viel-Gebende nach Beendigung über seine Beziehungen reflektiert, glaubt er oft, er träfe »stets auf den Falschen«, und er fragt sich: »Warum werde ich immer ausgenutzt?« Es ist jedoch nicht so, dass die Behinderten, Übergewichtigen oder Kranken stets nur die Rücksichtslosen treffen, die es genießen, andere auszunützen. Oft verhält es sich ganz anders. Der Gebende gibt in einer Beziehung immer derart viel, dass der Partner gar keine andere Wahl hat und in die Rolle des Nehmenden, des »Rücksichtslosen«, gedrängt wird. Es erfolgt die »Einladung zur Ausnützung«, die angenommen werden muss, denn der Partner wird ständig wieder auf sich zurückgeworfen. Fragt etwa der »Rücksichtslose« seinen Partner: »Was magst du heute Abend machen?«, und er bekommt eine Gegenfrage zur Antwort, etwa: »Hast du Lust auf Kino?«, bleibt die endgültige Entscheidung wieder beim »Rücksichtslosen«. Er wird auch durch Phrasen wie »Was willst du?«, »Passt das eh …« und »Ist es dir recht?« dazu gezwungen, im Endeffekt immer an seine eigenen Wünsche und nicht an die des anderen zu denken.

2. Deutet die Nadel des Liebeskompasses in Richtung »Zorn, Hass, Schuld«, fühlt man sich zu wenig geliebt und nicht genug beachtet. Das Ungleichgewicht dieser Beziehung wird im Partner gesucht und richtet sich somit nicht gegen sich selbst. Die Tatsache, dass mit Wut und Aggression oft Gewalt einhergeht, führt dazu, dass auch das Schuldgefühl auftaucht. Dies tritt aber erst infolge des Aggressionsabbaus auf. In solch einer Beziehung verspürt man scheinbar mehr Selbstachtung. Weil der Partner zu wenig Achtung entgegenbringt, löst er beim Betroffenen Zorn, Hass und

Schuld aus, denn dieser weiß nicht, was er tun soll, damit seine eigenen Wünsche vom Partner erkannt und erfüllt werden. In so einer Beziehung besteht der Eindruck, man gebe mehr in der Beziehung als der Partner. Der Selbstwert ist hoch genug, um zu überlegen, die Wünsche und Bedürfnisse mit jemand anderem auszuleben. Menschen mit diesem Problem laufen Gefahr, dem anderen gegenüber gewalttätig zu werden, um Achtung durch Angst zu ersetzen und so wiederherzustellen. Menschen, deren Kompassnadel in Richtung »Zorn, Hass, Schuld« zeigt, stellen ständig die »Einladung zum Lob« aus. Sie übersehen dabei, dass sie dadurch selbst ständig hinterfragt werden. Deshalb hat man den Eindruck, jene Menschen fordern Respekt für ihren Erfolg, aber ohne sich bemüht oder angestrengt zu haben.

Diese unterschiedlichen Formen von Beziehungsmustern treten auch in anderen Arten von zwischenmenschlichen Verbindungen auf, beispielsweise Freundschaften und Arbeitsverhältnissen. Wird das Beziehungsmuster nicht geändert, wehrt sich der Körper dagegen, was psychische Erkrankungen nach sich ziehen kann. In beiden Fällen können dieselben Formen psychischer Probleme auftauchen.

Woran sich orientieren? Was bedeutet es, der Liebe zu folgen? Der Freude, der Toleranz, der Offenheit und damit der Liebe zu folgen heißt …

- Auf der Gefühlsebene: Diese Ebene ist nach innen gerichtet, folglich betrifft sie das Selbst. Zu lieben bedeutet, sich frei und sicher zu fühlen trotz des eventuell vorhandenen Gefühls des Kontrollverlusts. Dieser stellt eine Risikobereitschaft dar, die ein Preis für die ersehnte Nähe ist. Der Liebe zu folgen heißt, keine Angst zu haben davor, Wünsche zu haben, sie zu äußern, und keine Wut, wenn Wünsche unverstanden bleiben. Keine Schuld, wenn Situationen entstehen, bei denen man den Eindruck hat, entweder eine Last – also zu wenig für den anderen – oder eine Qual – also zu viel für den Partner – zu sein. Keine Angst vor Streit oder Kränkung zu haben, denn man weiß, beides führt zu mehr Nähe. Freude am Streit haben: In der harmonischen Liebesbeziehung besteht die Sicherheit, die Beziehung weiterhin zu behalten, auch wenn Meinungsverschiedenheiten herrschen. Der Wert des Lebens liegt in der Sicherheit der Beziehung. Hierfür muss man lernen, den Wert des Geldes, von Freundschaften und die Mühe des Arbeitens beziehungsweise das Lob des Erfolgs tatsächlich als wertlos zu betrachten. Wertlos bedeutet nicht unangenehm und nicht stressend, sondern im Gegensatz zu dieser Beziehung gleichgültig.

- Auf der Verstandesebene: Diese Ebene ist nach innen gerichtet und für jemand anderen nicht sichtbar. Wer sich der Liebe bewusst ist, kann sich auf das konzentrieren, was ihm sonst auch Freude, Interesse und Sinn bietet. Es können auch Hobbys und eigene Interessen ohne schlechtes Gewissen ausgeübt werden. Den klaren Kopf und reinen Verstand hat man nur mit der Gewissheit der Liebe. Ohne diese Gewissheit kommt der Verstand immer auf die fragliche Harmonie zurück und sucht Lösungen, wie diese wieder hergestellt werden kann. Eifersucht beziehungsweise der Vergleich mit anderen kann nur in der Liebe als nicht notwendig betrachtet werden. Alle Ideen und Probleme können in der Liebesbeziehung besprochen werden, denn man muss keiner Rolle mehr entsprechen.

- Auf der Verhaltensebene: Diese Ebene ist nach außen gerichtet. Alles, was getan wird, ist sichtbar und betrifft andere Menschen. Die Liebe und damit die Freude erlaubt eine aufrechte, locker entspannte Körperhaltung, ohne zu leiden – wie etwa Magen- oder Kopfschmerzen. Alles, was tagsüber sowie nächtens gemacht wird, orientiert sich an der Nähe und Entfernung zur geliebten Person. Ob man sich beeilt, ob man sich wäscht, was man isst: Alles Körperliche und alles Handeln ist auf die Liebe bezogen.

Diese drei Ebenen hängen zusammen und sind nicht voneinander zu trennen. Ist sich jemand der Liebe unsicher, weiß also (innerlich) nicht genau, ob ihm etwas Freude bereitet oder nicht, so wird auch jeder Mensch, mit dem er zu tun hat, Verunsicherung spüren und sehen.

Jemand, der mit Freude Auto fährt, verhält sich anders als einer, der Angst hat, zu spät zu kommen und deshalb mit Angst Auto fährt.

Das ist logisch und einfach und wird doch so oft vergessen. Es geht also darum, sich immer wieder bewusst zu machen, dass das, was wir fühlen und denken, sehr wohl einen Einfluss darauf hat, was wir tun und damit anderen antun.

Echte und unechte Beziehung

Oftmals wird in meiner Praxis von Paaren oder auch Getrennten diskutiert, ob die Liebesbeziehung echt oder unecht war. Der Vorwurf, die Liebe sei nicht echt gewesen, stellt eine gravierende Kränkung dar. Deshalb wird, bevor man sich mit der Kränkung beschäftigt, zuerst einmal überprüft, ob der Ex-Partner wirklich recht hatte oder ob die Beziehung beziehungsweise die Liebe doch echt gewesen sei.

Wenn Liebe durch die Freude an einer Person ausgedrückt ist, so empfindet man eine Beziehung erst als echt, sobald man den Eindruck hat, die Freude des Partners ist gleich groß. Eine echte Beziehung wird durch den Umstand charakterisiert, dass sich jemand von seinem Partner genauso viel erwarten darf, wie er selbst bereit ist, ihm zu geben. Von außen betrachtet sind wir gut im Beobachten, ob eine Beziehung echt ist oder nicht. Ein älterer Herr, der eine 25 Jahre jüngere Frau an seiner Seite hat, löst sofort das gemeine Vorurteil aus, die Beziehung existiere nur aufgrund der Liebe zu Geld, Haus und Hof. Von seiner Seite aus bestehe die Liebe in der Jugendlichkeit eines jungen Körpers. Unecht bedeutet somit, die materiellen Eigenschaften eines Menschen zu lieben, aber nicht den Menschen an sich. Auch der Körper ist Materie und wer jugendliche Körper liebt, bindet sich an das Jugendliche und nicht an einen spezifischen Menschen. Wer Geld, Haus und Hof liebt, gilt somit als käuflich. Diese Problematik einer »ehrlichen« Liebe zeigt sich in echten und unechten Beziehungen gleichermaßen, in der Liebe zu einer Person genauso wie in der Liebe zu Hobbys oder zur Arbeit. Darf man nur für Geld arbeiten gehen oder auch, wenn man seine Arbeit wirklich liebt? Ab welchem Ausmaß von Freude gilt eine Beziehung als echt?

Die Frage des Ausmaßes ist aus psychologischer Sicht essenziell, da viele Menschen die Sorge mit sich tragen, den Partner auszunützen. Diesbezüglich gilt Liebe heutzutage als bedingungslos und frei. Betrachtet man eine Beziehung zwischen Männern und Frauen – beispielsweise eine klassische Ehe – historisch, so fällt auf, dass früher vermehrt geheiratet wurde, um im Alltag versorgt zu werden – mit menschlicher Zuwendung, Geld und Nachkommen. Für die Liebe gab es oft eine andere Person – die / den Geliebte/n. Mittlerweile steht das Gefühl bei der Liebe und in Beziehungen im Vordergrund, ein sogenannter Nutzen gilt als unecht und erzeugt dadurch Schuld und Scham. Wird aus einer Liebesbeziehung eine Langzeitbeziehung – vielleicht sogar eine Ehe –, gilt es, diese einschränkende Haltung loszulassen. Es geht gar nicht anders, als dass man beginnt, den anderen zu brauchen und von der Existenz des Gegenübers abhängig zu sein. Zumindest so lange, solange die Liebe besteht. Zu Beginn einer Beziehung kann man sehr wohl sagen, dass sie ehrlich oder unehrlich begonnen hat. Bleibt man aber langfristig beisammen, so wird jede – auch noch so unehrlich begonnene – Beziehung ehrlich. Denn wer Geld, Haus und Hof hat, weiß, dass man nicht nur Herr dieser Dinge ist, sondern auch ihr Sklave.

Wer liebt, ist sich bewusst, dass er genug ist und nichts seine Person in Gefahr bringen kann. Selbst wenn man von anderen wie Kollegen schlecht bewertet wird, bleibt immer noch die Sicherheit der Liebe. Ein Mensch, der liebt, kann es sich also erlauben, auch ausgelacht, blöd angeredet, beim Autofahren überholt zu werden, ohne hierbei in starken Stressreaktionen unterzugehen. Zählt man zu jenen, die sich stark stressen lassen – sei es aus finanziellen oder beruflichen Gründen –, passiert es, dass die Betroffenen entweder zu wenig Liebe erfahren oder einer falschen Vorstellung von Liebe anhängen.

Jemand, der liebt und sich zu Hause sicher aufgehoben fühlt, muss sich – theoretisch zumindest – vor nichts mehr fürchten. Aber die Liebe als Gefühl der Freude für die Nähe einer Beziehung lässt sich mit dem Selbstwert vergleichen. Dieser ist nicht automatisch jeden Tag hoch, sondern man muss sich immer wieder bewusst machen, was man wert ist. Nimmt man sich selbst nicht ernst oder lässt man sich beispielsweise ausnützen, sinkt der eigene Selbstwert und man stellt sich die Frage: Wer bin ich eigentlich, was macht dieser Mensch mit mir? Um auf den eigenen Wert hinzuweisen, ist es nötig, jemandem Kontra zu geben und Nein zu sagen. In der Liebe ist es ebenfalls bedeutsam, Kontra zu geben. Man sagt jedoch nur »Nein« dazu, wie man behandelt wird, aber nicht zur Person an sich. Menschen, die es gewohnt sind, Konflikte gewalttätig zu lösen, werden auch in einer Liebesbeziehung gewalttätig werden. Hier »Nein« zu sagen, ist unbedingt notwendig. Es fällt jedoch nicht leicht, dem Herzen ebenfalls zu sagen: »Nein, diesen Menschen mag ich nicht.« Hat man also gelernt, Liebe mit Schlägen zu verbinden, ist es wesentlich, zu erkennen, dass Liebe mit Schlägen nichts zu tun hat.

Als Psychologe habe ich freilich bei Frauen und Männern auch beobachtet, dass es für sie schwierig ist, zu lernen, nett behandelt und gleichzeitig geliebt zu werden. Das ist doch langweilig, oder? Wie schafft man es, ohne Gewalt eine entsprechend starke Spannung, den Nervenkitzel und den Reiz der Beziehung zu spüren? Die Frage gilt sowohl für den, der gewalttätig ist, als auch für jenen, der geschlagen wird. Die Antwort liegt in der Bereitschaft für etwas Neues und Unerwartetes. In einer gesunden Beziehung ist diese Bereitwilligkeit vorhanden und die Spannung zwischen zwei Menschen besteht aufgrund der Offenheit, der Bereitschaft für den anderen. In einer ungesunden Beziehung sind es beide, Opfer und Täter, gewohnt, dass eine Spannung nicht durch Neugierde und Offenheit ausgetauscht und gelöst, sondern mit Gewalt beendet wird. Ein neues, liebevolles Verhaltensmuster zu erlernen bedeutet, es aushalten zu müssen, dass das eintreten kann, was schlimmstenfalls befürchtet wird. Der schlimmste Fall wird die Zurückweisung und die Trennung sein. Um diesen schlimmsten Fall zu überstehen, muss jeder lernen, auch allein zu überleben und allein den Alltag zu bestreiten. Wer das kann, fürchtet sich nicht vor dem schlimmsten Fall und muss nicht zuschlagen.

Sowohl in meinem beruflichen als auch im privaten Umfeld kenne ich Menschen, welche die Liebe gefunden haben, sich aber trotzdem stressen – aus meiner Sicht heraus völlig unnötig. Viele von ihnen bringen auch in ihrer Definition von Liebe einen Anspruch in die Beziehung mit und vergessen dadurch die Bedingungslosigkeit. Ich arbeite seit über 16 Jahren in einer chirurgischen Abteilung und habe dort gesehen und erlebt, dass das Glück und die Liebe nicht von zahlreichen Ansprüchen abhängen. Wir brauchen nicht zwei Beine, um glücklich zu sein, wir benötigen nicht einmal eines. Ebenso gilt, dass man nicht zwei Beine benötigt, um jemanden glücklich zu machen. Anhand meines eigenen Körpers darf ich behaupten: Wir bedürfen hierfür weder der Hände noch der Beine.

Betrachten wir den Körper als Materie und beobachten dabei, wie wenig Materie die Liebe tatsächlich benötigt, so müssen wir uns wirklich fragen, wie wichtig materielle Dinge für die Liebe sind. Stressen wir uns hierbei nicht selbst viel zu sehr? Als Beispiel aus dem 19. Jahrhundert sei Alfred

Nobel erwähnt, damals reichster Mann der Welt, der sich in ein Wiener Blumenmädchen von zweifelhafter Herkunft verliebte. Zu jener Zeit spielte noch der »Stand« eines Menschen eine wichtige Rolle. Man ging standesgemäße Beziehungen ein. Alfred Nobel hatte soeben ein Vermögen mit seiner neuen Erfindung Dynamit gemacht und hätte sich somit eine Dame aus der High Society erwählen »müssen«. Doch wenigen Gemeinsamkeiten und vielen Streitereien zum Trotz blieb er fast 15 Jahre mit seinem »Soferl« aus Wien zusammen. Hier sieht man wieder, dass sich die Liebe weder um Herkunft noch gesellschaftliche Zwänge schert.

4. Der Unterschied zwischen Seele und Liebe

Bereits zu Beginn des Buches habe ich die Frage gestellt, wohin man sich mit den Problemen der Liebe wenden soll. Angefangen vom Kardiologen bis hin zum Psychologen, aber auch weit darüber hinaus, vom Greis bis zum Teenager, kann jeder etwas über die Liebe sagen. Der Grund hierfür liegt darin, dass die Liebe das Gefühl im Körper, das Denken, das Handeln, das Planen, das Wissen und die Erinnerung beeinflussen kann. Wenn die Liebe alles betrifft, so bleibt unweigerlich die Frage: Was bin ich alles? Plötzlich hat man mehr Energie, braucht weniger Schlaf, nur weil man liebt? Diese körperlichen Reaktionen stellen das Konzept des Menschen infrage, aber auch die Überlegung: Was bedeutet Gesundheit, was Krankheit, wie viel Schlaf benötigt der Mensch und wie viel Essen hält gesund?

Die langjährige Arbeit als Psychologe hat mir gezeigt, dass der Mensch mehr ist als sein Körper, aber auch mehr als sein Verstand, mehr als seine Probleme und seine Mängel. Die Erfahrungen habe ich beispielsweise bei Personen gemacht, die nach einem schweren Schädel-Hirn-Trauma ihren Verstand verloren haben, aber trotzdem konnte man

sie kennen- und lieben lernen. Auch die vollkommen un-
schlüssige Kommunikation und Handlung eines Menschen
kann zeigen, wie jemand wirklich ist. Selbst die körperlichen Grenzen können erweitert werden. Selten, aber doch
kommt es vor, dass jemand, dem nur mehr wenige Monate
des Überlebens vorhergesagt wurden, mehr als zehn Jahre
lebt. Diese Erfahrungen und die klinische Arbeit haben zu
der Überzeugung geführt, dass es neben dem Körper und
dem Verstand auch so etwas wie eine Seele, einen Kern –
das, das uns ausmacht – geben muss. Dieser Kern oder die
Seele des Menschen muss sich ebenfalls entwickeln und wird
durch Akzeptanz und Wertschätzung gefördert. Die Seele hat
die Aufgabe des Erkennens beziehungsweise des Sich-erken-
nen-Gebens. Als Psychologe, der viel von der Existenz der
Seele in uns Menschen spricht, ist es mir ein großes Anliegen,
Liebe und Seele voneinander zu trennen. Es ist jedoch erst ab
der Pubertät möglich, diese Unterscheidung zu spüren. Bis
zur Pubertät empfindet jeder, dass ein Mangel an Liebe eine
Nichtakzeptanz der Seele bedeutet. Man kann nicht unterscheiden, ob man nicht gemocht wird oder ob das, was man
tut, nicht gemocht wird.

Vergleiche ich den Menschen mit dem Universum, so stellt
die Sonne gewissermaßen die Seele, der Nordstern hingegen
die Liebe dar. Die Seele macht etwas sichtbar beziehungsweise strebt nach Erkenntnis, die Liebe bestimmt, wie das,
was die Seele darstellen will, gut wird. In der Seefahrt bildet der Nordstern einen Orientierungspunkt. Er kann nicht
Auskunft darüber geben, wohin die Reise geht, sondern nur,
wo man sich befindet. Auf menschliche Beziehungen umgelegt heißt dies: Die Liebe lässt eine Entwicklung in einer
Beziehung zu. Ob sich zwei Menschen einander annähern

oder nur anfreunden, weil beide dasselbe Thema lieben, kann nicht vorhergesagt werden.

Die Liebe, die sich durch Freude ausdrückt, definiert dadurch, was gut ist. Das Gegenteil von Liebe ist nicht der Hass, sondern die Gleichgültigkeit. Die Unterscheidung ist deshalb wichtig, da sich der Hass ebenfalls an der Liebe orientiert. Man hasst nicht jemanden, der einen vollkommen gleichgültig lässt. Vielmehr ist Hass das Resultat von zu wenig Liebe und mangelnder Freude. Bleibt die Liebe aus, passiert das Gegenteil des Guten, ebenfalls an der Liebe orientiert. Liebe als ein Gefühl, das guttut oder – wenn sie fehlt – Schmerzen bereitet, hängt mit der Stimmung eines Menschen zusammen. Die Liebe ist somit zielorientiert in Richtung gut.

Hier liegt der große Unterschied zur Seele. Die Seele als Kern eines Menschen hat das Ziel der Erkenntnis. Die Seele zielt darauf ab, die eigene Identität der Welt zu präsentieren. Das gilt als erreicht, sobald Bestätigung erfolgt. Dieses Streben, sich anderen gegenüber erkennen zu geben, kann anhand unterschiedlicher Möglichkeiten erfolgen: entweder durch Darstellung und Ausdruck in der Kunst oder durch alles, was man mit Geld käuflich erwerben kann, oder aber durch Erkenntnis in der Wissenschaft. Auch dann werden Formen gefunden, wie man anderen zeigen kann, was man entdeckt beziehungsweise geschaffen hat. Der Familienname beispielsweise wird zur Erkenntnisdarstellung verwendet: Raiffeisen, Porsche, Tesla, Röntgen, Rett, Asperger – alles Namen, die zu einem Begriff, einer Marke wurden. Der Mensch tendiert dazu, sich selbst in seinen Erkenntnissen und seinem Werk zu verewigen. Die Wissenschaft und die Kunst gelten als frei. Seelische Ausdrucksmöglichkeiten sind frei – im Gegensatz zur Liebe. Diese Liebe ist gut. Die Seele kann nicht zwischen Gut und Böse unterscheiden. Das Ziel der Seele ist das Erkennen um jeden Preis. Generell strebt die Seele nach Sinn, jedoch liegt der Sinn im Sich-Zeigen. Das klingt nach Exhibitionismus. Tatsächlich ist der Exhibitionist nur deswegen einer, weil er keine andere Möglichkeit hat, den Wunsch, nackt gesehen zu werden, anders zu erfüllen. Ein Künstler hat Glück, seine Wünsche, Sehnsüchte, Nöte in Form von Kunst darstellen zu können. Dasselbe Glück haben Wissenschaftler, Psychologen und andere Berufsgruppen. Nur unter diesen Aspekten ist es möglich, das volle Spektrum des menschlichen Handelns aus psychologischer Sicht zu erklären. Die Liebe oder bereits das Streben nach Liebe als Grundmotivation für den Menschen bietet nicht ausreichend Erklärung für menschliches Handeln, wie beispielsweise den Exhibitionismus.

Zur Akzeptanz des Körpers

Jede Art von Beziehung – sei es Arbeitsbeziehung, Freundschaftsbeziehung, Liebesbeziehung – braucht zumindest einen, im Idealfall zwei Menschen. Jeder Mensch besteht aus einem Körper, dem Verstand und der Seele. Platt formuliert: Mit dem Körper fühlen wir, mit dem Verstand denken wir und mit der Seele stellen wir uns dar. Alles, was in eine Beziehung eingebracht wird, wird bewertet und in die »Geben und Nehmen«-Waagschale von Beziehung geworfen. Je wertvoller etwas erachtet wird, desto eher steht dieser Wert als »gebend in der Beziehung«. Ein Mensch, der über viel Geld verfügt, wird das Geld als »gebend« in der Beziehung betrachten. Jemand, der einen schönen Körper hat, wird den Körper als »gebend« betrachten. Alles, was als wertlos betrachtet wird, kommt in die »Nehmen«-Seite der Beziehung. Wenig Geld zu haben bedeutet somit, in der Beziehung etwas nehmen zu müssen. Jemand, der sich beispielsweise viel zu dick fühlt, kann somit denken: »Bin ich froh, dass sie mich nimmt.«

Alles, was in einer Beziehung gedacht und getan wird, unterliegt einer Bewertung. Die Liebe in einer Beziehung hängt somit auch damit zusammen, wie man über sich selbst denkt, sich bewertet, sich liebt. Die Akzeptanz und Liebe zum eigenen Körper beginnt nicht mit dem Blick in den Spiegel, sondern mit der Frage, wozu man als Mensch seinen Körper gebrauchen möchte. Ob für eine Beziehung etwas gut oder schlecht, richtig oder falsch ist, beginnt jeden Morgen mit dem Grund aufzustehen. Wozu sich bemühen, pflegen und waschen – wo doch kein Mensch da ist, der mich sieht oder liebt? Liebe allein genügt nicht, wir brauchen ein Ziel vor Augen. Im Gegensatz zu Tieren werden bei uns Menschen die Lebensziele nicht instinktmäßig vorgegeben, sondern von der Gesellschaft geformt. Dieser Umstand zeigt das Dilemma des Alltags, nämlich: die Werte, die wir anstreben. Dieses Dilemma besteht darin, dass es ein von Natur aus gegebenes Streben gibt – sagen wir nach Liebe –, jedoch unsere Pflichten des Alltags, unser Lebensstil nicht immer diesem Streben nach Liebe gerecht werden. Wie können wir uns verhalten, um dem Körper das zu bieten, wonach er eigentlich strebt?

Das Bild, das wir von uns selbst sowie von der Welt haben, wird bestimmt durch die Gesellschaft, durch die Philosophie, die wir erfahren. Allein die Übersetzung des Wortes Philosophie bedeutet »philo – Liebe«, »sophie – Weisheit« – die

Liebe zur Weisheit. Bereits hier wird deutlich, dass wir Liebe für das Wissen benötigen.

Die Liebe zum Wissen orientiert sich an unterschiedlichen gesellschaftlichen Werten. Das Wissen wurde früher als eine Einheit betrachtet und sämtliche Wissensgebiete waren in die Philosophie eingegliedert. Doch der Mensch erlebte sich als jemand, der etwas erkennt, und nicht als jemand, der etwas erschafft. Das Wissen wurde somit einer höheren Instanz unterworfen. Diese Instanz war in Abhängigkeit von der Zeit in jedem Kulturkreis eine andere. In Europa setzte sich der Eingottglaube durch. Somit galt das, was erkannt wurde, als etwas Göttliches. Die gläubigen Menschen des Mittelalters sahen Gott als die höchste Instanz an. Mit einem allmächtigen, männlichen Gott als höchster Instanz gab es die Einteilung von Gut und Böse, von Gottes Ebenbild und von Sünde. An dieser Einteilung konnte man sich orientieren, unabhängig davon, wie gut oder schlecht man das fand. An diesem Weltbild orientierte sich die Wissenschaft. Während beispielsweise der Astronom davon ausgehen musste, dass die Erde den Mittelpunkt des Universums darstellte, musste der Frauenarzt annehmen, dass der Mann für die Zeugung eines Kindes das entscheidende Element ist. Alles, was diesem Weltbild widersprach, sprengte den Rahmen des Göttlichen und wurde deshalb nicht anerkannt. Die Liebe für die Erkenntnis wurde sozusagen eingeschränkt.

In der Epoche der Aufklärung wurde Gott durch die Natur und im Weiteren durch das Wissen ersetzt. Die Verdrängung von Gott durch den Paradigmenwechsel in Richtung Natur stellte die lang bestehende Einteilung von Richtig und Falsch, Gut und Böse plötzlich infrage. Die Natur macht keine Fehler, sie macht nur Unterschiede. Diese Betrachtungsweise hatte auch in der Medizin, beispielsweise in der Psychiatrie, ein Umdenken zur Folge. »Krank und Gesund« beziehungsweise der »normale Wahnsinn« wurde neu bewertet. Das Konzept der Langzeit-Psychiatrien wurde Ende der 1960er-, Anfang der 1970er-Jahre neu überdacht. Bis dahin galten Psychiatrien als Krankenanstalten. Sie dienten als Wohnräume für psychisch kranke Menschen, die ihre Zeit bis ans Lebensende dort verbrachten. Diese Unterbringungsanstalten wurden aufgelöst.

Psychologisch drastisch verkürzt zusammengefasst lässt sich Folgendes behaupten: Der Ersatz von Gott durch die Natur hat dazu geführt, sich mehr mit der Natur zu beschäftigen. Wenn beispielsweise alle Pflanzen natürlich sind, dann gibt es keine guten und bösen Pflanzen, kein Unkraut und kein Zierkraut, sondern nur Natur. Die Natur macht keine Fehler für sich selbst. Wenn der Mensch ein Teil der Natur ist, ist somit auch jeder Mensch natürlich und gut. So wie der Mensch bestimmt, was Unkraut oder was Zierkraut ist, so bestimmt er auch: Was ist ein guter Mensch und wie wird man böse? Dieses Denken hat mit der Zeit zu mehr Toleranz geführt. Die Wissenschaft, besonders die Auflösung der Lehre um Rassen und damit die Aufgabe des idealisierten Übermenschen, hat ebenfalls dazu beigetragen, toleranter zu denken in Bezug auf individuelle Lebensstile, unterschiedliche Arten von Sexualität, Kunst und Musik. Diese Bereiche fallen unter den Begriff Kultur und beschäftigen sich nur damit, wie diese ausgelebt wird, sodass ein friedliches Zusammenleben möglich ist. Solche Entwicklung ermöglichte, dass der Mensch im Mittelpunkt stand, dieser plötzlich gut und liebenswert war, so wie er ist.

Dieser Wertewandel des Individuums, der heute selbstverständlich ist, betraf aber nicht nur die Liebenswürdigkeit, sondern auch die Aufgaben eines Menschen. Zu jener Zeit, als Gott die höchste Instanz darstellte, gab der Glaube den Menschen vor, was sie in ihrem Leben erreichen mussten, was sie tun sollten – und was nicht. Sobald die Natur die oberste Instanz wurde, gab das Wissen vor, was zu tun war und was nicht. Niemand konnte mehr sagen: »Tu das, sonst kommst du in die Hölle«, sondern bestenfalls: »Tu das, damit du viel Geld verdienst.« Aus dem »Muss für den Himmel« wurde ein komplett anderes Ziel.

Mit diesem Paradigmenwechsel wandelten sich auch der menschliche Körper und die Natur um ihn herum. Aus einem Abbild Gottes wurden Teile der Wissenschaft. Der Körper als Objekt der Wissenschaft kann wie jedes andere Objekt behandelt werden. Wir haben begonnen, nicht nur die Natur zu verändern, sondern auch den Körper. Alles, was veränderbar wirkt, darf und kann verändert werden. Da Gott als Grund für jegliche Veränderung fehlt, verwenden wir andere Werte, anhand derer der Körper angepasst werden kann. Beispielsweise, um liebenswerter, begehrenswerter, sexueller zu sein, kann man seinen Körper trainieren. Um mehr arbeiten und gleichzeitig in der Freizeit aktiver sein zu können, optimieren wir unseren Körper und unser Selbst. Alles wird heutzutage selbstoptimiert. Der Wert eines menschlichen Körpers beginnt sich am Bild eines idealen Menschen zu messen, und nicht mehr wie früher an einem guten Glauben, an viel Wissen und an viel Geld. Verglichen zu dem Idealbild eines Menschen ist nichts mehr gut genug, alles muss »verbessert« werden.

Bevor der Bezug zur Liebe hergestellt werden kann, ist es wichtig, ein weiteres Phänomen zu beschreiben. Seit 1949 ist offiziell gemäß UNO das Glück das Ziel, das ein Mensch im

Leben erreichen soll, und nicht mehr das ewige Leben. Aus psychologischer Perspektive hat das Streben nach Glück innerhalb der vergangenen Jahre an Wert gewonnen. Dies zeigt sich unter anderem an den Fragen zahlreicher Patienten: »Wozu soll ich überhaupt arbeiten gehen, wenn ich im Job schlecht behandelt werde?« Die Überlebensfrage tritt trotz steigender Armut in den Hintergrund. Glück und Glaube sind zwei Konzepte, die einander ähneln, und damit streben wir im Alltag (also nach außen hin) auch das an, wonach der Körper innerlich strebt – nach Liebe. Mit dem Streben nach Glück orientiert man sich weder am Glauben noch am Wissen, sondern am Erlebnis. Es ist das Erlebnis, das einen motiviert, etwas zu tun oder zu unterlassen. Das Glück als oberste Instanz bildet ein Moment, auf den man hinarbeitet und für den man den Körper vorbereitet und einsetzt. Was nach dem Glücksmoment passiert, wird erst nachher überlegt. Für das Glück geht man auf die Reise, das Glück wird gesucht, geheiratet oder erarbeitet.

Dieser Hintergrund zeigt die Bedeutung der Liebe für die Akzeptanz des eigenen Körpers. Orientieren wir uns am Glauben, Wissen oder Erlebnis, setzen wir den Körper als Objekt ein, das angepasst werden muss, um den Ansprüchen dieser Glaubenssätze zu gehorchen. Damit wir den eigenen Körper akzeptieren, müssen wir die Liebe als höchste Instanz betrachten, um den Anforderungen von Glaube, Wissen und Erleben widersprechen zu können. Will ich den Grundsätzen der Liebe treu bleiben, so muss ich behaupten: Es gibt keine Anforderungen an den Körper. Das, was jeder Körper fordert, also Akzeptanz, Nähe und die Freude über die eigene Existenz, ist mit jedem Körper erreichbar. »Jetzt habe ich keine Zeit, nicht am Sterbetag meiner Mutter, heute hatte ich

Stress, mein Bauch ist heute zu dick, ich bin nicht geduscht, ich muss noch viel lernen« sind Beispiele von Glaubenssätzen aus Glaube, Wissen und Erlebnis.

Die Liebe wird damit die einzige Instanz, die einzige Orientierungshilfe, die es erlaubt, allen Grundsätzen zu widersprechen und trotzdem etwas Gutes und Richtiges zu tun.

Was ist eine gute Ehe? Ein Patientenbericht

Markus H. ist seit über 15 Jahren glücklich verheiratet und beschreibt das Dilemma, sich immer wieder in andere Frauen zu verlieben. Das wolle er nicht, denn eigentlich liebe er seine Gattin. Die Sexualität mit seiner Frau finde er gut, lediglich wolle sie nicht so häufig mit ihm schlafen wie er mit ihr. Würde die Liebe als Hauptmotiv für Treue angesehen werden, gäbe es keine Scheidungen. Nach mehreren Gesprächen wurde deutlich, dass für Herrn H. Liebe nie bedingungslos war. Er musste sich die Liebe der Eltern in der Kindheit immer verdienen. Er war sich deshalb auch nicht sicher, ob seine Frau ihn wirklich liebte, denn sie hatte ja selten Zeit für Sex. Für ihn war also Liebe verbunden mit der Bedingung, Sex zu haben. Besonders in der Kindheit ist es nicht möglich, zwischen Lieben, Mögen und der Seele eines Menschen zu trennen. Wird etwas an einem Kind nicht gemocht, sei es zu dick oder die Nase zu groß, stellt das eine existenzielle Bedrohung dar und geht somit gegen die Seele des Kindes. Ablehnung wird vom Kind eben nicht nur als eine Eigenschaft oder eine Eigenheit des Körpers betrachtet, die nicht gemocht wird. Erst im Erwachsenenalter mit einer selbstsicheren Seele beziehungsweise mit dem gefestigten Wissen, wer man ist, kann man sich von Menschen trennen, die einen nicht lieben, sich von ihnen distanzieren, ohne gleich in eine existenzielle Krise zu fallen.

Nachdem wir gemeinsam die Problematik besprochen hatten, gelang es Markus H., zu fühlen, dass seine Frau ihn auch liebte, wenn sie nicht so häufig mit ihm schlafen wollte. Obwohl es für ihn weiterhin schwierig blieb, unerfüllte Wünsche auszuhalten, sah er sich nun imstande, alle seine Wünsche mit der Ehefrau zu besprechen und sich nicht mehr in Fantasien mit anderen zu flüchten.

Für eine Beziehung gilt: Solange man nicht alles von einem Menschen bekommt oder ihm alles geben kann, handelt es sich nicht um eine Liebesbeziehung und wir bleiben auf der Suche danach. In seinem Buch »Von Parmenides bis Hegel« beschreibt Johann Mader, dass wir Europäer in einer Zeit leben, die als Sonderform der Rationalität betrachtet wird, und in der es möglich ist, ständig alles zu hinterfragen. Der Verstand gilt als oberstes Prinzip. Alles muss verstanden und erklärt werden. Doch wir lieben nicht nur mit dem Verstand, mit den Gedanken – auch das Herz hat bei der Liebe mitzureden. Selbst wenn der Verstand gegen die Liebe beziehungsweise den Lebenspartner spricht, bedeutet das nicht, dass der Körper mit den Gedanken einverstanden ist. Der Austausch – das Geben und Nehmen in der Liebe – betrifft nicht Worte und Geld, darüber hinaus wird auch etwas ausgetauscht, wenn man beim Anblick des Partners schwach wird, weiche Knie bekommt oder auch Angst vor dem Verlust spürt. Liebe als Austausch zwischen Geben und Nehmen kann sich auch bei einem intensiven Austausch ganz ohne Anstrengung, ohne Zwang und ohne Muss ergeben. Dieser Austausch erfolgt nicht nur bei der Sexualität so intensiv, sondern selbst bei den Kleinigkeiten des Alltags. Der Austausch erfolgt immer und unsichtbar. Er wird jedoch nur dann angenehm, wenn beide Menschen gleichzeitig etwas von sich geben und nehmen. Dafür müssen beide Menschen gleich gerne etwas tun, ganz egal was.

Die Liebe in einer Liebesbeziehung, die Freude an einer einzigen Person, hat es aus heutiger Sicht auch deshalb schwer, da sie als Zugabe auf unser Leben angesehen wird. Wir haben alles, um selbstverwirklicht und erfolgreich leben zu können. Nur manchmal fehlt etwas. So wie das Salz in der Suppe – das, was das Leben eben lebenswert macht, aber nicht unbedingt ausmacht. Es lohnt sich, zu überlegen, ob die romantische Betrachtungsweise, dass die Liebe alles ist, aber alles nichts ohne die Liebe, heutzutage noch stimmt. Eine aktuelle Frage, die man in Situationen stellen darf, wenn es darum geht, was man den Kindern, Freunden und Bekannten im Leben weitergibt. Schenken und vererben wir Häuser und Autos – oder ein Zuhause und den Drang, mobil zu sein? Kann man erfolgreich lieben oder muss man erst erfolgreich sein, um lieben zu können? Diese Frage zeigt, was Liebe ist: eine Art unsichtbarer, emotionsgeladener, harmonisierender Austausch zwischen zwei Menschen.

Doch wer kann was tauschen? Was gilt als wertvoll, was als wertlos? Denken wir an Menschen wie Stephen Hawking oder im deutschsprachigen Bereich an den in der Liveshow »Wetten, dass..?« schwer gestürzten und seither querschnittsgelähmten Samuel Koch – beide verheiratet –, so muss man sich fragen, wie da der unsichtbare und spannende Austausch erfolgt. Was kann beispielsweise ein Tetraplegiker – also ein an vier Gliedmaßen gelähmter Mensch – in eine Beziehung einbringen? Was wird da zwischen ihm und seiner Partnerin getauscht? Benötigt man wirklich etwas Spezielles, das man tauschen kann? Und weshalb ist man liebenswert oder hat nicht jeder Mensch automatisch von Natur aus etwas Liebenswertes an sich? Die Liebe ist ja nicht nur spannend, sondern auch wohltuend. Bin ich also wohltuend, so wie ich bin, oder gehört etwas geändert? Eine Behinderung zu haben, stellt in dieser Sonderform des Tauschgeschäftes Liebe eine große Herausforderung dar.

All jene Menschen, die in der Arbeit gemobbt werden, sich sorgen, über zu wenig Geld zu verfügen, die ratlos zusehen, wenn ein Mensch den anderen missachtet, kennen vielleicht das Gefühl, manchmal die ganze Welt zu hassen. Viele haben nämlich jene Sorgen und Fragen: Wozu das alles? Wozu arbeiten, leiden, sich anstrengen? Allzu oft wird das, was jemand tut – sei es nun bezahlte Arbeit oder freiwillige Hilfeleistung –, derart abgewertet, dass die Liebe zur Arbeit, zur Hilfe, zur freiwilligen Bemühung um den anderen verloren geht. Die fehlende Zustimmung zu den Aufgaben im Leben bleibt unbemerkt, weil der Nutzen von Arbeit mit Geld bewertet wird und nicht mit der Frage, wie sinnvoll etwas ist. Wir trennen zum Beispiel Arbeitszeit und Freizeit, Alltag und Ferien, Wochenende und Feiertag – obwohl der Körper und die Seele nur eine Lebenszeit kennen. So wie bei Tag und Nacht wird auch die Zeit in der Arbeit anders genutzt als in der Freizeit. Das Wertschätzen der Freizeit soll aber aus Liebe zu Hobbys, Interessen und sozialen Ereignissen herrühren und nicht aus dem Frust des Alltags. Die Liebe zur Freizeit strebt nach etwas, die Flucht aus der Arbeitswelt entkommt etwas. Das soll bedeuten, dass entweder durch mehr Wertschätzung der Arbeitszeit die Arbeit selbst leichter wird oder durch die Freude auf die Freizeit. Die Beendigung einer Arbeitstätigkeit, ohne diese Mühe wertzuschätzen, lässt einen müde nach Hause gehen. Durch das Lieben wird Arbeitszeit und Freizeit beides gleichzeitig: Glück und Anstrengung, sinnvoll und schwer. Die Liebe ermöglicht das Annehmen einer Situation und das Schätzen einer Mühe.

Das Gegenteil von Arbeitszeit ist die Freizeit und nicht die Langeweile und sinnlose »Tu nichts«-Zeit. Das, was in der Freizeit getan wird, soll in sich selbst sinnvoll sein. Es soll Freude bereiten und es wert sein, getan zu werden. Nur etwas einkaufen zu gehen und etwas zu konsumieren ist auf Dauer gesehen nicht sinnvoll und damit nicht befriedigend. Es werden ja Sachen gekauft, in der Hoffnung, dass sie Freude bereiten. Ein Hobby ist ein Interesse, eine Liebe für etwas. Die Beschäftigung damit ist sinnvoll und dadurch dem, der es ausübt, nützlich. Der Nutzen von Arbeit liegt weder darin, sinnlos beschäftigt zu werden, noch darin, bezahlt zu werden. Wer beispielsweise im Krankenhaus mit Patienten arbeitet, weiß, dass es nützlich ist, das Leid von Menschen zu lindern. Dieser Nutzen macht die Arbeit sinnvoll, unabhängig davon, ob man das als anstrengend oder leicht empfindet. Zahlreiche Arbeitsprozesse, wie Bürokratie und Überwachung, verändern den Nutzwert von Arbeit in Richtung Bezahlung. Qualitätskontrollen sind hier nicht gemeint, diese können sogar den Wert der Arbeit bestätigen. Man liebt es dann, am Ende des Monats die Rechnungen bezahlen zu können, aber die Liebe zur Mühe der Arbeit ist schwieriger zu vermitteln.

Auch ich als Autor dieses Buches, der über die Liebe schreibt, komme ab und zu in die Verlegenheit, das Glück, die Leichtigkeit und Ausgelassenheit nicht mehr schätzen zu können. Mein Leben ist eine große Ironie des Schicksals, das auf die Bedeutung der Liebe hinweist. Die Ironie besteht darin, dass ich stets ALLES und gleichzeitig NICHTS hatte und habe. Es ist einzig die Liebe, die den Wert einer Aufgabe, den Wert von Zeit und den eigenen Wert bestimmt.

Liebe als Gefahr für die Seele

Die Seele hat die Aufgabe der Erkenntnis: zu zeigen, wer man ist, was man fühlt, wie es einem geht. Die Seele drängt danach, erkannt zu werden, und sie ist dabei auf der Suche nach Ausdrucksformen und Bestätigung. Der Verstand und das Gefühl geben der Seele die Möglichkeit, innerhalb der Gesellschaft geeignete Ausdrucksformen zu finden – so, dass man akzeptiert wird. Hierfür orientiert sich der Verstand an den gültigen Werten einer Gesellschaft.

Abhängig davon, wo wir uns befinden, nehmen wir unterschiedliche wertorientierte Rollen ein. Wir orientieren uns an unserem Umfeld. Zu Hause kann man Ehefrau / -mann, Mutter / Vater, Geliebte / Geliebter, Tochter / Sohn oder Schwester / Bruder sein, im Beruf Ärztin / Arzt, Krankenschwester / Pfleger, Notarin / Notar, Psychologin / Psychologe, Kassiererin / Kassier, Raumpflegerin / Raumpfleger ... Es stellt sich die Frage: In welcher Umgebung darf man der sein, der man ist? Wo muss man vorsichtiger sein, aus Angst, ausgenutzt oder nicht respektiert zu werden? Die Liebe, ausgedrückt durch die Freude am Dasein, ist ein Gefühl, das groß macht, indem sie Mut macht, sich zu zeigen. Sich anderen Menschen zu zeigen bedeutet, etwas von sich zu geben, was andere sehen können. In der Rolle als Polizist beispielsweise zeigt man sich – klischeehaft ausgedrückt – mit einer strammen geraden Körperhaltung – im Gegensatz zur Rolle, die man zu Hause etwa als Ehemann einnimmt. Dort kann man sich locker wie ein Schluck Wasser auf die Couch fallen lassen. Beispielsweise die Rolle als Polizist, die mit einer Uniform, mit einer Waffe und vielleicht sogar einem Helm verbunden ist, gibt Sicherheit – Sicherheit im Umgang mit Menschen, mit denen man als Polizist eine dienstrechtliche Beziehung eingehen muss. Die Uniform erlaubt dem Polizisten, Fragen zu stellen und grenzt die Beziehung auf diese Fragen ein. Innerhalb jener dienstrechtlichen Beziehung ist auch dem Menschen, der beispielsweise befragt wird, vollkommen klar, dass es hier nicht um Liebe geht, weshalb der Polizist etwa nach dem Ausweis fragt. Das Nähe-Distanz-Verhältnis ist klar abgegrenzt. Jenseits der beruflichen Rolle, die viele einnehmen müssen, werden jedoch auch Beziehungen eingegangen. Bei ihnen ist das Nähe-Distanz-Verhältnis nicht mehr so klar. Dieser Umstand kann dazu führen, dass auch ein Polizist, der nicht im Dienst ist, unsicher wird. Jede Beziehung ist wie das Thema Liebe ein Geben und Nehmen zwischen zwei oder mehreren Menschen. Tritt Liebe in eine Beziehung, wird Geben und Nehmen bedingungslos, und das mit Freude.

Davor haben nicht wenige Menschen Angst. Viele trauen sich nicht mehr, das zu fordern, was sie müssen, sobald sie nett sind.

Es genügt dabei, daran zu denken, wie viel ich denn im Haushalt beitragen kann. Die unromantische Antwort ohne Liebe, die jedoch Verständnis für meine Situation zeigt, lautet: »Er trägt nicht viel zur Ordnung bei, macht aber aufgrund der Behinderung auch nicht viel Unordnung. Er kann nicht viel.« Die romantische und liebende Antwort meiner

Frau lautet: »Allein wenn du da bist, hilft mir das, damit ich motivierter bin.«

Besonders bei Behinderung, aber auch anderen komplexeren menschlichen Körpern wird deutlich, dass der Austausch in der Liebe auf einer anderen Ebene stattfindet. Und, dass es genau dieser Austausch ist, der die Liebe ausmacht. Nur der Liebende möchte tauschen. Getauscht wird das Erkennen, Mögen und Festhalten beziehungsweise Speichern des anderen. Das Speichern ist also nicht nur ein computerunterstütztes, sondern auch ein psychisch-emotionales Wort. Alles, was der geliebte Mensch an sich hat, wird gespeichert und bei Bedarf in Erinnerung gerufen: das Lächeln, das Weinen, das Kopfschütteln. Alle Eigenschaften, die wir lieben, werden festgehalten, um uns in Problemsituationen, bei Einsamkeit, Schwermut oder Trauer Trost zu spenden. Das sollte eigentlich immer so sein, unabhängig von den körperlichen Gegebenheiten. In dieser Unabhängigkeit vom Körper wird aber eine weitere Eigenschaft von Liebe erkennbar, nämlich die Bedingungslosigkeit. Ein Mensch, der geliebt wird, kann dem anderen nicht vorschreiben, weshalb und was er an ihm oder ihr mögen soll. Man kann niemandem vorschreiben, was man am jeweils anderen lieben soll. Es ist das Wesen, das man am anderen Menschen liebt, und dagegen oder dafür kann man nichts tun.

Dieser billig klingende Umstand kann einem im Leben jedoch teuer zu stehen kommen. Die Frage »Was muss ich tun, damit ich dir auffalle, damit du mich bemerkst, mich liebst?« bringt Menschen rasch dazu, auf ihr Wesen zu verzichten, ihre ganz persönliche Art zu vergessen und sich für den anderen zu verstellen: »Vielleicht findet sie das toll oder er steht auf kurze Röcke? Vielleicht mag er ja kein Mädchen

vom Land?« All das sind Fragen, die das eigene Wesen ignorieren und die Liebe von vornherein einschränken.

Ist jedoch einer von beiden Partnern schwer behindert,
wird diese Bedingungslosigkeit des Tausches deutlich her-
vorgehoben. In so einer Situation sind die meisten dieser
Fragen hinfällig. Es bleibt nur das Wesen jenes Menschen
übrig, der die Behinderung hat. Entweder man verliebt sich in
sein Wesen oder eben nicht. Es ist schwieriger, sich mit einer
Behinderung zu verstellen. Ohne Beine lassen sich nun mal
keine größeren Schritte machen; es kann zum Beispiel kein
Sportauto gefahren werden, wenn man einen Kombi benötigt.

Moderne Kommunikationsmittel, besonders das Internet,
bieten die Möglichkeit, sich anderen so zu zeigen, wie man
sein möchte. So habe auch ich meine Frau über eine Part-
nerbörse im Internet kennengelernt. Selbstverständlich habe
ich den Anforderungen des modernen Mannes entsprochen.
Nicht, weil ich mich anders darstellen wollte, als ich bin, sondern weil ich zeigen wollte, dass ich alle Ansprüche, die eine
erfolgreiche Beziehung benötigt, erfülle. Das Internet gibt
keine andere Möglichkeit, zu zeigen, dass man liebenswert
und beziehungsfähig ist, außer durch die Angabe von for-
malen Daten wie Körpergröße, Gewicht, Alter, Geschlecht,
Hobbys. Es war der erste Eindruck, der nicht verfälscht werden sollte. Nachdem ich diesen Eindruck vermittelt hatte,
habe ich mich nach zwei Stunden Videotelefonat körperlich
so gezeigt, wie ich tatsächlich bin. Der gute erste Eindruck
blieb, denn ich konnte ihm gerecht werden.

Einem Mann ist vollkommen klar, dass die Frau, die er
liebt, nicht von ihm fordern kann, ihre große Zehe nicht
zu lieben, nur weil sie selbst nicht von ihrer Zehe begeistert
ist. Aber trotzdem stellen wir permanent Forderungen, die

ähnlich sind wie diese Problematik. »Schau da nicht hin«, »Komm ja nicht ins Zimmer, wenn ich am Klo bin …«, »Unrasiert darfst du mich nicht sehen«, »So will ich nicht, dass man mich in Erinnerung behält« und so weiter – all das sind Forderungen, die dem Wesen und der Eigenschaft der Liebe zuwiderlaufen. Ist also das Thema Liebe etwas, das man erst andenken kann, sobald eigene körperliche und berufliche Probleme gelöst sind? Die Lösung der eigenen Probleme wird vorgeschoben, um sich dem Thema Liebe entziehen zu können. Alles andere wird wichtiger und erst dann darf man sich den Gefühlen hingeben. Wieso nicht genau umgekehrt?

Vielleicht resultiert die häufig auftretende Orientierungslosigkeit (»Erst eine Weltreise«, »Muss mich finden«, »Muss mir die Hörner abstoßen«, »Erst mal Fuß fassen im Beruf« etc.) aus der verdrängten Liebe. Erst wer wirklich liebt, weiß, dass alles, was man tut, aus Liebe zu einer Sache, zu sich oder zu einem anderen Menschen geschieht. Erfolg und Liebe hängen also unmittelbar zusammen. Die Bedingungslosigkeit gilt nicht nur für die Liebe zu einem Menschen, sondern für sämtliche Themen, die mit Liebe verbunden sind. Das heißt, man muss sich nicht zuerst mit sich selbst abfinden oder gar selbst lieben, um geliebt werden zu können.

Bedingungslos bedeutet auch, sich selbst bedingungslos so zu lassen, wie man ist. Jede Argumentation, die dazu führt, sich dem Thema Liebe nicht zu widmen, sondern zuerst dem Erfolg, dem Bauch, den Haaren, der Cellulitis, der Zahnlücke, hat zur Folge, dass man allein bleibt. Ohne Liebe sind die Versuche, seine Probleme zu lösen, der Misserfolg, das Durchhalten, die Disziplin nicht erträglich. Die einfache Erklärung für den Zusammenhang zwischen einem Gefühl und den nüchternen Tatsachen des Alltags und den Verpflichtungen liegt in deren Begründung. Der einzige Grund, in der Früh aufzustehen, arbeiten zu gehen und allen anderen Verpflichtungen nachzukommen, kann nur in etwas liegen, das unabhängig ist von Vergnügen, Geld und Macht. Dieses Buch versucht zu erklären, wie es möglich ist, dass die Liebe frei ist, und gleichzeitig liebt man das Vergnügen, das Geld und die Macht. Es geht nicht darum, die Liebe als einziges Gut hochzuheben und alles andere schlechtzumachen, sondern vielmehr darum, nicht auf die Liebe zu vergessen.

Gerät die Bedingungslosigkeit von Liebe in Vergessenheit, tritt eine Spannung zwischen zwei Menschen auf, die gelöst werden muss, damit Harmonie wiederentstehen kann. Ist beispielsweise ein Mann mit Behinderung unzufrieden mit sich selbst, so passiert es, dass er in gewissen Momenten auf die Nähe seiner Frau verzichten will, weil er sich selbst zu viel wird. Die Frau jedoch wird die Zurückweisung persönlich nehmen. Auch wenn er fordert, allein gelassen zu werden, sie solle sich doch keine Sorgen machen, mit der Liebe habe das nichts zu tun, wird doch eine Spannung in der Beziehung bleiben. Diese Art von Beziehungsmuster beschränkt sich nicht auf Behinderung, sondern kann sich auf andere Anlassfälle und Ursachen wie schlechte Laune, Depression, Übergewicht oder ein unrasiertes Gesicht ausdehnen.

5. Leib, Seele und Liebe

Die Frage, was den Menschen antreibt, wonach er sich sehnt, ist deshalb so wesentlich, da die Antwort eine vielversprechende Erfüllung sein muss. Jeder Mensch besteht aus einem Körper, einer Psyche (Kognition und Emotion) und einer Seele. Wenn einzig die Liebe die Antwort ist, so würde alles menschliche Streben aufhören, sobald man die Liebe gefunden hat. Und dann wären wir zufrieden und gut. Auch Menschen, die behaupten, jemanden zu lieben, verspüren weiterhin den Drang, gut sein und etwas tun zu wollen. Vielleicht gibt es zwei Antworten? Eine, die sich auf körperliche Bedürfnisse bezieht, und eine, die auf die Seele abzielt? Oder es gibt eine Antwort, die zwei menschliche Aspekte berücksichtigen muss. Trainieren und wertvoll machen können wir beispielsweise den Verstand und den Körper. Dann fühlen wir uns liebenswert und wertvoll, doch es bleibt die Frage: Wozu? Die Unterscheidung zwischen Körper, Verstand und Seele zeigt, dass körperliche und seelische Bedürfnisse bestehen, die gedeckt werden müssen. Wenn wir von Liebe sprechen, meinen wir die grundlose Freude am Dasein eines Menschen. Wer jemanden wirklich kennenlernt, wird alles an diesem Menschen lieben: den Körper, die Psyche und die

Seele. Es ist wichtig, darauf hinzuweisen, denn verändert sich etwas Materielles oder die Art und Weise des Denkens, so wird es dennoch derselbe Mensch, dieselbe Seele sein, die man liebt. Das Problem hat jeder Mensch, denn das Alter verändert jeden. Logisch schlussfolgernd beziehungsweise denkend kann nicht erklärt werden, was uns liebenswert macht. An diesem Punkt kommt das seelische Element zur Geltung: die Seele als die Identität, der Kern des Menschen, das, was ihn ausmacht, unabhängig von körperlichen und geistigen Fähigkeiten. Das Bedürfnis der Seele ist die Erkenntnis. Das Bedürfnis des Körpers ist die Liebe. Man kann also schlussfolgern, dass das liebende Erkennen und liebevolle Erkannt-Werden das Ziel, das Streben von uns Menschen ist.

Da wir uns entwickeln und verändern, ist die Antwort auf die Frage nach unserer Motivation ein Prozess. Ich bin etwas ständig Neues, jemand, der immer wieder einen Ausdruck und Bestätigung finden muss, um Freude zu erleben und zu bieten. Jede kleine Veränderung, jede neue Idee, jedes neue Gefühl will ausgedrückt und liebevoll erkannt werden. Die totale Befriedigung kann nie lange halten. Das Streben nach Liebe und Anerkennung sowie nach neuer Erkenntnis und neuen Ideen muss weitergehen, die Liebe und die Bestätigung für etwas werden getrennt. Doch kann man Liebe trennen, teilen? Geteilte Liebe führt zu Eifersucht und verdirbt die Liebe. Erst jetzt ist es an der Zeit, von unterschiedlichen Arten der Liebe zu sprechen, denn nun erst ist die Trennung sinnvoll. Entwickelt jemand große Freude an der Psychologie, beispielsweise an der Milderung von Leid durch Depression und Angst, so ist das liebende Erkennen eines Kollegen mehr wert, verglichen mit dem wertvollen Erkennen eines Augenarztes. Denn zwei Psychologen verbindet die gemeinsame Freude, die gemeinsame Liebe für menschliche Probleme. Man spricht von platonischer Liebe, auf die der Lebenspartner nicht eifersüchtig sein wird.

Historisch betrachtet wurde bereits alles über die Liebe gesagt, was es zu sagen gibt. Wozu also ein neues Buch über die Liebe? Weil nach wie vor die großen Probleme unserer Gesellschaft auf die unerfüllte Liebe zurückzuführen sind. Während man als Kind auf die Liebe seiner Eltern angewiesen ist, darf man sich als Erwachsener frei für die Liebe entscheiden. Leider fühlen sich viele nicht so frei, sich für die Liebe zu entscheiden. Die Liebe fühlt sich viel zu leicht und zu gut an, um sie mit Pflichterfüllung, Arbeit, Gehorsam oder Disziplin in Verbindung zu bringen. Es ist nicht für jeden leicht, sich diesem Gefühl, verstanden, gemocht und geliebt zu werden, hinzugeben. Zuerst wird die Frage gestellt: Was kostet die Liebe? Nicht nur im Sinne von Geld, sondern auch hinsichtlich der Frage: Was muss ich tun? Was muss ich geben, wenn ich Liebe nehme?

Gilt der Partner als attraktiv, bin ich selbst attraktiv? Werde ich nur geliebt, weil ich in irgendeiner Hinsicht attraktiv bin, oder werde ich als der geliebt, der ich wirklich bin? Ich bin, wie jeder andere Mensch, nämlich nicht immer nett und brav und tue, was alle anderen von mir verlangen.

Wird Liebe als Gefühl definiert, so steht fest, dass man diesem Gefühl nicht so leicht traut wie dem Gefühl der Scham oder der Angst. Alle Gefühle, die man empfindet und mit sich trägt, betreffen einen selbst in Bezug auf andere Menschen oder Dinge. Viele Gefühle kann man mit sich selbst ausmachen. Das Gefühl der Liebe jedoch benötigt eine andere Person. Dem Gefühl, jemanden zu lieben oder geliebt zu werden, wird am ehesten so lange misstraut, bis einem bestätigt wird, dass dies so ist. Die Angst beispielsweise erkennt man ohne Bestätigung. Das Gefühl der Liebe bedeutet auch, eine besondere Beziehung einzugehen. Diese ist dadurch gekennzeichnet, dass man der- oder demjenigen erlaubt, die Grenze der Förmlichkeit und Sachlichkeit respektvoll zu überschreiten. Doch nicht mit jedem möchte man jene Grenze übertreten. Das Thema Liebe ist also deswegen noch ungelöst und immer noch problematisch, weil das Thema der respektvollen Grenzüberschreitung weiterhin nicht klar definiert ist.

Die Frage, ob ich einen Menschen wirklich liebe, ob er es wert ist, geliebt zu werden, ob es sich lohnt, in eine Beziehung zu investieren, tritt viel häufiger auf als die Frage nach anderen Gefühlen. Wir fragen uns nicht: Habe ich wirklich Angst davor? Denn der Angst vertrauen wir. Liebe ist genauso ein Gefühl, doch hier haben wir oft Zweifel.

Kann überhaupt jemand von Liebe schreiben, der kein Geld hat, keinen Erfolg, kein offensichtliches Glück im Leben? Das Schöne an der Liebe ist, dass sie frei ist, also unabhängig von Erfolg, Intelligenz, Beruf, Familie oder Herkunft.

Liebe und Kränkung

Spätestens seit dem Buch »Die Macht der Kränkung« des Psychiaters Reinhard Haller wissen wir, wozu gekränkte Menschen fähig sind. Kränkung ist ein Gefühl des Schmerzes, das man sich selbst erzeugt, sobald man bemerkt, dass sich jemand nicht freut, dass man da ist. Kränkung wird als ein Gefühl der Missachtung und der Nicht-Wertschätzung interpretiert. Kränkung zeigt, dass bei dem, der nicht wertschätzt, ein Mangel an Liebe vorhanden ist. Nur wenn es jenem, der gekränkt wird, ebenfalls an Liebe mangelt, erlebt er die Worte oder Taten des anderen als Kränkung. Der Macht der Kränkung kann man am leichtesten entgehen, indem man sich selbst auf das konzentriert, was man in Liebe für sich will.

Innerhalb einer Liebesbeziehung ist klar, dass sich der Partner freut, dass man an seiner Seite ist. Verbringt man viel Zeit miteinander, werden individuelle Interessen spürbar und es wird deutlich, wer was machen möchte und was nicht. Von jemandem so gemocht zu werden, wie man ist, jemandem also Freude zu bereiten nur dadurch, dass man da ist, lässt sich durch den Verstand nicht erklären, weil es unlogisch ist. Man gewöhnt sich also an das Gefühl und beginnt Vertrauen zu fassen und sich zu freuen. Es entsteht Sicherheit und jeder traut sich, dem anderen mehr von sich zu zeigen. Hierdurch werden beide Menschen sowohl mutiger und sicherer als auch gleichzeitig offener und verletzbarer, also leichter zu kränken. Liebe benötigt die Gewissheit, dass nichts diese Liebe nehmen kann. Ist jemand unsicher, also glaubt er nicht, dass er liebenswert ist, so beginnt er an der Liebe zu zweifeln, sobald der Partner eigenständig etwas unternimmt oder etwas anderes tun möchte. Die Feststellung »Nein, das will ich nicht« kann plötzlich kränken, ebenso wie ein Kopfschütteln und alles, was Individualität bedeutet.

Wenn beispielsweise eine Frau ihren Mann schlechtmacht, ihn auslacht oder anderswie kränkt, kann er auf verschiedene

Arten reagieren. Womöglich wird er aggressiv, schimpft nur, geht weg, nimmt Medikamente oder Alkohol zu sich. Liebt er aber diese Frau, gibt er ihr aus Liebe zu sich selbst und zu ihr Kontra. Folglich könnte er erwidern: »Du hast Glück, dass ich dich so gern habe und du deinen Frust an mir auslassen darfst!«

Doch wie sieht es mit Kränkungen aus, die einen Körper, eine Leistung oder die Persönlichkeit betreffen? Muss man sich hier zurückziehen oder aggressiv werden?

In den vergangenen Jahren war ich unter anderem in Schulklassen unterwegs und wurde zu meinen Büchern, meinem Leben, meiner Behinderung und meiner Beziehung befragt. Bei einem dieser Vorträge begleitete mich meine Frau. In einer angehenden Maturaklasse wurde ich über mein Liebesleben mit meiner Gattin befragt. Alle Antworten, mit denen ich aufzeigen wollte, dass meine Frau und ich ein normales Liebesleben hätten, und meine Gattin das auch bestätigte, waren für einige Schülerinnen und Schüler unbefriedigend. So fragten sie schließlich: »Was ist denn jetzt beim Geschlechtsverkehr anders?« Eine sehr verwundernde Frage, jedoch nichts sollte unbeantwortet bleiben. Die Antwort meiner Frau fiel erstaunlich nüchtern aus: »Alle Stellungen sind nicht möglich.« Daraufhin wurde es sehr ruhig. Erst als meine Frau hinzufügte: »Das ist aber auch nicht nötig«, traten die normale Lautstärke und das Murmeln wieder auf.

Es wurde hierbei auch stimmungsmäßig deutlich, wie wichtig es ist, darauf hinzuweisen, dass nur in der Liebe der jeweils andere Mensch perfekt ist. Es ist die Liebe, die (in diesem Fall) mich zum perfekten Mann für meine Frau werden lässt, und nicht die Anzahl der Möglichkeiten an körperlichen Ausdrucksformen. Würde diese Anzahl für die Qualität einer Beziehung verantwortlich sein, wäre eine eingeschränkte Durchführung ein Mangel, der als Kränkung empfunden wird.

Partnerwahl und Denkstil

Auf der Suche nach der Liebe orientiert man sich an Merkmalen, die zeigen, woran sich dieser Mensch erfreut, was ihn interessiert und was er liebt. Das Erleben von gemeinsamen Freuden ist in einer Liebesbeziehung selbstverständlich und in jeder anderen Beziehung ohne Liebe ein relativ ähnliches Erleben. Das bedeutet, durch das gemeinsame Erleben von etwas entsteht Nähe. Die gemeinsame Ausdrucksform basiert aber auf einer seelischen und nicht auf einer Liebesebene. Trotzdem, in diese Nähe kann man sich auch verlieben. Denn wir vertrauen nicht allein auf das Gefühl, sondern prüfen mit dem Verstand. Bei der Wahl des Partners werden nicht ausschließlich körperliche und materielle Merkmale sowie die inneren Werte geprüft. Diese zeigen sich darin, wie jemand handelt und worüber jemand spricht. Man erkennt die Art des Denkens. Beim Kennenlernen des Partners versucht man herauszufinden, wie der andere denkt. Hierbei kann es leicht passieren, dass man mit Menschen, die genauso denken wie man selbst, leichter Beziehungen eingeht als mit Personen, die anders denken. Logisch geschlussfolgert bedeutet das: Je ähnlicher man über Dinge denkt, desto wahrscheinlicher wird die Beziehung funktionieren. Doch das Denken allein bestimmt nicht die Intensität einer Beziehung, selbst wenn ganz klar definiert ist, wer was benötigt und wer worauf verzichten muss. Ein ängstlich denkender Mensch wird immer den Eindruck haben, ein klein wenig zu viel oder ein bisschen mehr zu geben, als er vom anderen (zurück-)bekommt. Oder was ebenfalls der Ängstlichkeit entspricht: Er wird sich stets ein wenig schuldig fühlen, nicht zu genügen, sich immer ein wenig genieren für ein paar Falten, für zu wenig Geld oder ein zu altes Auto. Der ängstliche Mensch – egal, ob er glaubt, dass er zu viel gibt oder zu wenig – benötigt in der Liebe jemanden, der Mut gibt und die Angst erträgt. Orientiert man sich tatsächlich an der Art und Weise, wie jemand über etwas denkt, so scheint es wichtig zu sein, herauszufinden, mit wie viel Liebe, wie viel Freude sich jemand dem Denken hingibt. Denn auch Gedanken unterliegen einer Entwicklung. Spürt man, dass jemand Freude daran hat, neue Ideen, neue Lebensformen durchzudenken, so kann man sich an der Freude anhalten und gemeinsam eine Idee entwickeln, wie man leben möchte. Festgefahrene Denkmuster, die keinen Spielraum für einen Wertewandel zulassen, schränken auch die Freude in einer Liebesbeziehung und damit langfristig die Qualität dieser Beziehung ein.

Die Liebe ist für alle gleich

Beim Nachdenken über die Liebe kommen einem sofort Begriffe für Wünsche und Bedürfnisse wie Zärtlichkeit, Harmonie, Sex, Geld, Sicherheit, Status, Kinder oder Hochzeit in den Sinn. Jeder von ihnen kann mit Poesie, Kunst und

Kitsch beschrieben werden. Hierüber gibt es Filme und Bücher, Lieder, Opern, Musicals, Dramen. Doch sind diese Begriffe von Liebe für jedermann gültig? Klar ist, dass jeder Mensch Liebe braucht und geben möchte. Die Grenzen von gesellschaftlichen Vorstellungen und Normen sind unsichtbar. Erst wer behindert ist oder sich aus anderen Gründen zu einer Randgruppe der Gesellschaft zählen darf, weiß, dass zwar jeder auf Liebe angewiesen, aber nicht jeder bereit ist, sein Leben für die Liebe zu leben. Das Thema Liebe ist aber durch zahlreiche Fragen und Probleme im Alltag vorhanden, sodass es nicht immer leichtfällt, zu erkennen, was man dafür tut oder nicht tut. Von der Liebe zu reden kann auch den Eindruck erwecken, für die Liebe etwas zu tun. Aber nur davon zu reden bedeutet noch lange nicht, sich den Bedingungen, die die Liebe fordert, hinzugeben. Dieser esoterisch wirkende Satz ist mechanischer zu betrachten, als er zu lesen ist. Ich möchte versuchen, anhand meiner eigenen Situation zu zeigen, was damit gemeint ist.

Mit einer Behinderung konfrontiert zu sein bedeutet auch, zu erfahren, wie nichtbehinderte Menschen gesellschaftlich die Liebe erfahren und erleben. Gesellschaftlich deshalb, da ich mit meiner Behinderung von der »normalen Gesellschaft« herausgenommen wurde. Subjektiv gesehen habe ich mich selbst als normalen Menschen betrachtet, dem halt Arme und Beine fehlen. Die Tatsache, dass ich mich sonst sehr normal fühlte, ließ mich auch an einer normalen Liebe nicht zweifeln. Unter einer normalen Liebe verstehe und verstand ich einen wertschätzenden und begehrenden Kontakt zwischen zwei Menschen, der das Ziel hat, dass beide Partner in Freiheit und größtmöglicher Harmonie jeweils ihr persönliches Lebensglück anstreben können. Die Reaktionen und Äußerungen von zahlreichen unterschiedlichen Menschen auf meine Behinderung haben mir jedoch gezeigt, dass die Liebe mit einem behinderten Menschen mit einer Art Selbstaufgabe und mit dem Verzicht auf Freiheit und Glück verbunden sein muss. Als 2013 mein erstes Buch über die Seele erschien, begleitete mich meine Frau oftmals zu den Vorträgen. Das Lob zahlreicher Menschen, das meine Gattin für ihre Aufopferung und Hingabe erhielt, brachte uns beide dazu, mehrmals den Begriff der Liebe zu hinterfragen. Denn welches Bild von Liebe wurde uns durch dieses Lob entgegengebracht?

»Was denken denn die Menschen, worauf ich verzichten muss?«, hat meine Frau mich verzweifelt gefragt. »Wie sehen die dich denn? Wie sehen die mich denn? Was glauben die denn, was Liebe ist?« Dieses Lob, diese Bewunderung für den Mut, mich zu lieben, wurde von Menschen unterschiedlichster Gesellschaftsschichten ausgesprochen. Das hat besonders zum Nachdenken angeregt. Die Fragen »Was ist Liebe?« und »Was braucht man für die Liebe?« sind also aktueller denn je. Nicht nur für meine Ehefrau tauchten sie auf, sondern auch für mich. Denn auch ich möchte nicht, dass meine Gattin ihr persönliches Glück wegen mir aufgibt. Jeder, der glaubt, der eigene Partner opfere sich auf, wird sich fragen: »Denn echt jetzt wegen mir?« Diese Frage wirkt anfänglich so harmlos, jedoch zeigt sie, dass man eigentlich die Liebe zu sich selbst und anderen infrage stellt. »Ich bin das doch nicht wert« ist das Resultat dieser Denkweise. »Denn echt jetzt wegen mir?« zeigt sehr deutlich, dass es sich nur um eine Form von wahrer Liebe handeln kann. Für die wahre Liebe muss man sich nicht aufopfern, nichts fordern. In Beziehungen, deren Grundmotiv die »wahre Liebe« ist, wird aus allem, was man gibt, ein Nehmen. Somit opfern sich entweder beide oder keiner auf.

Auch das Gegenteil dieser Äußerungen habe ich oft gehört und brachte meine Frau und mich dazu, über die Liebe nachzudenken. »Wieso hat so eine tolle Frau so einen Mann, der muss doch Geld haben?« beziehungsweise auch Äußerungen über mich haben gezeigt, dass mein Körperbild in Zusammenhang mit Liebe nicht so selbstverständlich verstanden wird wie bei körperlich offensichtlich intakten Menschen. Sogar Äußerungen wie: »Ja, du brauchst mit deinem Körper nicht viel zu tun, um aufzufallen und gesehen zu werden. Du kannst leicht mit Frauen in Kontakt treten!«

6. Sexualität in der Liebe

Im Jahr 1908 konnte der Benützer von »Meyers großem Konversations-Lexikon mit 18 Bänden« darin das Wort Sexualität noch nicht finden. Verzeichnet war lediglich der Begriff Sexualpsychologie als Lehre der geschlechtlichen Gefühle und Triebe. Weiters stand hierzu zu lesen: »Krankhafte Störungen des Geschlechtstriebes und noch mehr Übergangsformen zwischen normalem und abnormalem Sexualempfinden sind sehr verbreitet.« Heutzutage suchen wir das Wissen weniger in gedruckten Nachschlagewerken als im Internet. Gibt man den Begriff Sexualität ein, spuckt der Computer hauptsächlich biologisch relevante Definitionen aus. Das beliebte und daher viel benützte Internetlexikon Wikipedia schreibt zum gesuchten Stichwort (Stand: Jänner 2019) Folgendes: »Die Sexualität des Menschen ist im weitesten Sinne die Gesamtheit der Lebensäußerungen, Verhaltensweisen, Emotionen und Interaktionen von Menschen in Bezug auf ihr Geschlecht … Besonders psychologische, soziale und kulturelle Faktoren werden dabei als bedeutend für die Sexualität des Menschen betrachtet. Sexualität wird zu den menschlichen Grundbedürfnissen gezählt, und zwar sowohl in physiologischer als auch in sozialer Hinsicht, die mit Sexualität verknüpft sind … Mit Freuds Psychoanalyse entstanden zu Beginn des 20. Jahrhunderts neue Vorstellungen der Rolle von Sexualität: Sie sei ein natürlicher Trieb, ihre Auslebung befreiend, notwendig und positiv, ihre Unterdrückung hingegen erzeuge Neurosen.«

Sowohl vor 110 Jahren als auch gegenwärtig ist unklar, was Sexualität wirklich ist. Inzwischen gilt Sex als notwendige Lebensäußerung, die gelebt werden muss, um psychisch gesund zu bleiben. Wieso nicht einfach sagen: Sexualität ist ein lustvoller körperlich-geschlechtlicher Kontakt beziehungsweise Verkehr? Was verleiht diesem ach so menschlichen Bedürfnis diese enorme Spannung? Weshalb heute von normalem Sex schreiben, wenn es früher nicht nötig war? Ist Sex für alle gleich und damit für alte, dicke und behinderte Menschen, oder gilt das nur für junge, wohlgeformte Menschen? Wozu dieser freiwillige Kontrollverlust, weshalb sich körperlich ausdrücken oder hingeben?

Sexualität erzeugt durch das Bedürfnis, etwas mit einem anderen Menschen ausleben zu wollen, Spannung. Sie entsteht, weil sich ein Mensch denkt, wie sich eine Handlung anfühlen kann. Das Risiko besteht darin, dass sich diese für den Partner nicht toll anfühlt und er daher die Handlung ablehnt. Eine Ablehnung kann sehr beschämend erfolgen und die Nähe zwischen zwei Menschen gefährden. Es braucht deshalb Zeit, sich diesem Risiko der Ablehnung hinzugeben. Sexualität als Freude an der Berührung des eigenen Körpers, die aus dem Kontakt mit einem anderen Körper entsteht, findet ihren Höhepunkt im sexuellen Akt bis hin zum Orgasmus. Die Sexualität als Freude am eigenen Körper ist somit ein Ich, und nur in der tatsächlichen Liebe für den anderen Menschen kann diese gemeinsam erlebt werden in

Form eines Wir-Zustands. Das bedeutet, beide freuen sich gleichzeitig über ein und dieselbe Berührung. Im Gegensatz zur Liebe lässt Sexualität verbunden mit ihrer großen Spannung und Intensität das Leid nicht ertragen, sondern vergessen. Insofern ist sie mit einem Fest vergleichbar. Wie in einem Rauschzustand kann man dem anderen Menschen begegnen und ein »Wir« bilden. Mit folgendem Zitat lässt sich Sexualität beschreiben als »*Zeit des Exzesses, intensivster Kräfte-Umsatz und -Verzehr, Ausbruch gestauter Energien, Einschmelzung des Einzelmenschen in einem übergreifenden Gesamtvorgang, Vergeudung des sonst bedachtsam Beisammengehaltenen, rauschhafte Aufhebung der Schranken*«.

All diese Worte passen auch auf den Ausdruck des Festes oder der Party. Leider wurde jene Definition des französischen Soziologen und Philosophen Roger Caillois verwendet, um den Krieg zu beschreiben. Es gibt Zeiten und Länder, in denen ist der Krieg das neue Fest. Heutzutage und hierzulande sollte die Sexualität zum neuen Fest deklariert werden. Denn sie ist die ultimative körperliche Ausdrucksform, die einem anderen Menschen zeigt, wie man ist. Damit hängt Sexualität mit der menschlichen Seele zusammen, gewährt sie doch einen Einblick in das Wesen eines Menschen. Allerdings erlaubt sie diesen Einblick wie eine Art Foto – als Momentaufnahme. So wie ich bin in einem Moment des Festes, kann ich mich ebenfalls entwickeln. Auch während körperlicher Berührungen, während eines Genusses muss man sich entwickeln, um der zu werden, der man wirklich ist. Diesen Entwicklungsprozess zeigt man nicht gern, ebenso wenig wie einen Entwicklungsrückstand. Es ist also nur verständlich, dass wir uns genieren, wenn es um das Thema Sex geht. Jenen Einblick in den Kern eines Menschen, in die

Seele, muss man sich deshalb oft erkämpfen beziehungsweise erarbeiten, er hängt mit Spannung zusammen.

Sexualität ist wie ein Spannungsabbau, wobei die Spannung darin besteht, zu zeigen, was man will, zuzulassen, was man will, und sich zu holen, was man will. In der Liebe ist all das freiwillig und gut. Das heißt nicht, dass man immer all das will, was während der Sexualität passiert. Es zeigt, dass man für einen Moment lang bereit ist, sich einer Situation auszusetzen beziehungsweise diese auszuleben. Wie für ein Foto, für das man einen guten Eindruck machen möchte.

Die Situation als nackte Tatsache zeigt, ob man auch ängstlich, schüchtern oder brutal mächtig sein kann. Sex spiegelt seelische Bedürfnisse wider und bietet auf der körperlichen Ebene die Möglichkeit, dies zu erleben und damit die seelischen Bedürfnisse zu erfüllen. Im Gegensatz zur Liebe, die eine innige längere Verbindung mit einem Menschen darstellt, ist Sexualität ein kurzfristiges Erleben, das einen Moment repräsentiert. Wie eine wilde Party oder ein Tanz stellt Sexualität eine Unterbrechung des Alltags dar. Je besser man einen Menschen kennt, je länger eine Beziehung dauert, desto schwieriger ist es, den Alltag unterbrechen zu können. Wie bei einem normalen Fest auch, kann das häufige Wiederholen derselben Tänze nicht mehr die Welt vergessen machen. Wie bei einem Lied oder Tanz muss auch die Sexualität stets neu belebt, immer neu gespielt werden. Dann erst ist das Element des Festes, der Feier wieder spürbar. Fehlt das Vertrauen in den anderen Menschen, führt es im Extremfall dazu, immer exzessiver und unverschämter sich die Berührung zu holen, die man braucht. Das Vertrauen wird wichtiger, denn die Sexualität konzentriert sich mehr auf den Akt und auf den eigenen Körper, auf das eigene Empfinden, als auf den anderen Menschen. Somit wird man in langfristigen Beziehungen leichter kränkbar. Die Grenze zur Sexualität und damit verbunden die Grenze zwischen zwei Körpern ist leichter und natürlicher zu durchbrechen. Das bedeutet: Selbstverständlicher spricht man sein Bedürfnis an und erwartet die Erfüllung. Dies nimmt der Unterbrechung des Alltags noch mehr den Reiz und aus einem spielerischen Kontrollverlust wird ein kontrolliertes Hingeben, ein Sich-Einlassen auf die eigenen Gefühle sowie die des anderen.

Je schwerer es einem Menschen fällt, seiner eigenen Scham zu entkommen und seine Alltagsprobleme zu vergessen, desto leichter wird es, Sex logisch zu betrachten und zu argumentieren: Sex ist animalisch und schmutzig. Nicht nur, dass man den Körper schmutzig macht durch Schwitzen und durch das Berühren von Körperöffnungen, und all die Körperflüssigkeiten, man macht auch das schmutzig, worauf man liegt oder sitzt. Wo gehört Sex überhaupt hin – bei Licht, im Dunkeln, im Schlaf- oder im Wohnzimmer? Man könnte die Zeit doch besser nutzen, indem man seine Alltagsaufgaben erledigt, oder? Weshalb gibt es Situationen, in denen eine erfüllte Pflicht, zum Beispiel eine saubere Wohnung, mehr genossen wird als ein geliebter Körper? Oder sollte die Frage lauten: Weshalb dem Körper das verweigern, wozu er gemacht wurde – für die Freude? Das Problem dieser Fragen besteht darin, sich der Scham hinzugeben und sich so zu spüren, wie man ist. Die Liebe konzentriert sich auf den geliebten Menschen, auf den Körper und Geist des Gegenübers. Bei der Sexualität ist man gleichzeitig auf sich zurückgeworfen. Die Liebe erlaubt es, die eigenen Bedürfnisse zurückzustellen, um die des anderen zu erfüllen. Die Sexualität funktioniert nicht befriedigend, ohne eigene Bedürfnisse zu beachten. Das Problem der Sexualität ist somit ein Problem der Liebe zu sich selbst.

Die Möglichkeit, solche Fragen zu stellen, zeigt, dass die Sexualität das Hauptthema der Liebe bedeutet. Es zwingt uns noch einmal, zu schauen, wie wir wirklich über uns selbst denken. Liebe als Freude an jemandem, das gibt Kraft, Motivation, die nötige Energie, um alles durchzuhalten und zu ertragen. Die Liebe macht damit das Leid der eigenen Existenz, die Mühen des Alltags erträglich. In übertragenem Sinn gibt es dann plötzlich eine Party mitten im Alltag – die nennen wir Sexualität. Hierfür muss man sich gehen lassen, mittanzen, mitfeiern oder ganz in Ruhe ein Fest feiern. In Kurzzeitbeziehungen kann man sich locker auf jemanden einlassen, gemeinsam eine Party feiern und den Alltag rasch vergessen. In Langzeitbeziehungen weiß man, was kommt, und das Leid des Alltags lässt sich nicht abschütteln: »Wie kannst du nur an Party denken, wo ich heute so viel gearbeitet habe?«

Wie denken wir über uns, sodass der Alltag als Leid wirkt? Bei Kleinigkeiten im Kindesalter bereits nehmen wir uns die Würde und verderben die Lust, so zu sein, wie wir sind. Der erste Schritt ist das direkte Schlechtmachen von körperlichen Eigenschaften, der zweite das NICHT ausgesprochene Gegenteil all jener Dinge, die wir loben und schätzen, die die Lust am Körper verderben. Die verdorbene Lust am Körper bezeichnet man als körperfeindlich. In Worten formuliert gilt als körperfeindliches Empfinden jegliches Gefühl von »zu«: Man empfindet sich als zu groß, zu klein, zu dick, zu dünn, zu viel, zu wenig etc. Zu unpassend jedenfalls, um eine wertschätzende Haltung einnehmen zu können. Bereits vor Kleinkindern fragen wir selbstverständlich: »Ist es schon sauber?« Und wir vergessen vollkommen, dass kein Mensch sauber wird – wir machen nur anderswo hin (Menschen, die in Windeln machen, sind deshalb auch nicht schmutzig). Ebenso selbstverständlich bewerten wir, was wir gut finden, zum Beispiel schöne weiche Haut, schöne glatte Haare, schön rasiert, frisch geduscht … Von Kindheit an lernen wir somit, dass Seife und Shampoo gut riechen, dass wir ein Deo brauchen, dass Nasen-, Ohren- und Schamhaare unnötig sind. Aus dem »Unnötig« wird im Lauf des Lebens ein »Unmöglich«. Es ist lobenswert, dass Menschen gepflegt öffentliche Verkehrsmittel benutzen, aber es ist traurig, ebenso im Bett nicht nach sich selbst riechen zu dürfen. Weshalb traurig? Weil wir nicht lernen, uns selbstverständlich so zu lassen, wie wir sind. Unter dem Aspekt »Die Natur macht keine Fehler« lohnt es sich wieder, zu lernen, den Körper so zu betrachten, wie er von Natur aus ist. Sonst tauchen vor dem Sex bereits Probleme auf – nämlich schon beim Ausziehen.

Wie über den eigenen Körper gedacht wird, ist deshalb so wichtig, weil die Gedanken die Gefühle beeinflussen. Jeder kann ein »zu« vor eine körperliche Eigenschaft setzen und jeder wird sich dafür schämen. Dieser Umstand betrifft jeden, denn Liebe und Sexualität ist für alle ein Thema in fast jeder Lebenssituation. Die Argumente »Ich bin schon zu alt, zu dick, zu uninteressant« mögen helfen, das Thema aus den Gedanken zu drängen, nicht aber aus dem Körper. Das Denken, die Werte können im Alltag einfach beobachtet – und anschließend verändert werden. Es genügt, durch die Straßen zu gehen und Leute zu beobachten. Automatisch bewerten wir, mit welchen Menschen es angenehm wäre, eine Party zu besuchen beziehungsweise mit denen man ein Fest feiern möchte, und welche man nicht gern dabeihätte.

Erfahrungen aus meiner Praxis

Unbefriedigte Lust und damit ungelebte Sexualität, das heißt: unbeachtete seelische Bedürfnisse, die körperlich ausgedrückt werden, führen mitunter dazu, die seelischen Bedürfnisse anderer Menschen ebenfalls nicht beachten zu können. Es fällt dann schwer, auszuhalten, wie ein anderer Mensch ist. Eltern, die ihre Bedürfnisse nicht leben, beginnen dann, den Lebensstil ihrer Kinder zu kritisieren. Umgekehrt: Kinder, die ihre Sexualität nicht leben, halten ihre Eltern schwer aus. Eine harmonische Liebesbeziehung, die eine erfüllte Sexualität beinhaltet, vergrößert nicht nur die Harmonie und das Wohlbefinden im eigenen Körper, sondern steuert auch die Harmonie in sozialen Beziehungen. Auch hier kann man sich am Liebeskompass orientieren (siehe Kapitel 3). Was bedeutet eine erfüllte Sexualität? Hat jemand den Eindruck, mehr zu geben, mehr zu wollen, zeigt die Disharmonie in Richtung Hilflosigkeit und Sorge. Hat jemand eine nicht erfüllte Sexualität, weil das, was er tut und möchte, nicht wertgeschätzt wird, so zeigt die Disharmonie in Richtung Wut und Aggression.

Um normale Sexualität zu leben, müssen wir lernen, uns selbst als normal zu betrachten. Das heißt, kein »zu« vor einer Eigenschaft mit dem Bewusstsein, dass die Natur keine Fehler macht und jeder Körper für eine Party geeignet ist.

Sex als Grundbedürfnis

Sexualität wird als menschliches Grundbedürfnis definiert, das sich als Drang zur körperlichen Nähe und Berührung mit jemand anderem zeigt. Erst durch das Erleben von Sexualität ist der Drang befriedigt und man kann sich auf andere Dinge konzentrieren. Sexualität ist Freude, Lust, Macht, Nähe und damit auch Identität. Drang bedeutet, dass sich Gedanken zu sexuellen Handlungen aufdrängen, aber auch als ein starkes Gefühl, das nach körperlichem Erleben und Nähe strebt. Sexualität heißt Nähe durch intensiven Körperkontakt aller Körperteile und die Vereinigung und Befriedigung durch die primären Geschlechtsorgane. Beim Sex mit einer geliebten Person wirkt der Körperkontakt sehr angenehm und harmonisierend. Der intensive Körperkontakt ist zu Beginn einer Beziehung prickelnd, reizvoll und überraschend, vergleichbar mit einem Feuerwerk in Kopf und Körper. Sexualität in der Liebe beziehungsweise »die bedingungslose Freude an der Berührung des anderen Körpers« wird von Gefühlen mitbeeinflusst, die entstehen, sobald der eigene Körper berührt wird. Wenn der eigene Körper vom Partner berührt wird, lenkt das von der Berührung am anderen ab. Nur einem geliebten Menschen erlaubt man die Berührung von Körperteilen, die im Alltag niemand zu sehen bekommt. Das Zeigen und Berühren von sonst verdeckten Körperteilen kann stark verunsichern und die Freude an der Berührung von Geschlechtsorganen nehmen. Jeder Mensch hat einen Körper, an dem es möglich ist, einen Teil zur Problemzone zu erklären. Dieser Bereich wird abgewertet, da er nicht so aussieht, wie man das gerne hätte.

Um sich nicht die Freude zu nehmen, muss man lernen, dass sich auch ungeliebte Körperteile wohlfühlen dürfen, wenn sie berührt werden. Die Bewertung muss hierfür als unwichtig, losgelassen werden. Dazu ist es notwendig, sich dem anderen ein Stück weit auszuliefern und kränkbar zu werden. Ein falscher Blick, ein Seufzer etc., all das genügt, um sich nicht akzeptiert zu fühlen und um nicht mehr entspannt zu sein. Beziehungen, die nicht lange dauern, machen den Umgang mit Sexualität unkompliziert, da die Momente des Neuen sehr vom eigenen Körper ablenken und das Prickeln des Körpers genossen werden kann. Selbst definierte Problemzonen müssen hier nicht wirklich besprochen werden und der kurzfristige Kontrollverlust, das Sich-gehen-Lassen, ist hierdurch möglich. Dadurch kann Sex wirken wie eine überwältigende rauschhafte Verschmelzung mit einem anderen Menschen.

Je länger eine Beziehung dauert, je häufiger man sich berührt und sich mit allen Sinnen begegnet, desto selbstverständlicher wird der andere Körper und desto deutlicher wird man sich der Situation und des eigenen Körpers bewusst. Die harmonisierenden Berührungen tun unverändert gut, aber man weiß, was einen erwartet, doch die Scham für selbstdefinierte körperliche Problemzonen kann mehr beachtet werden. Dies verhindert, dass man sich leicht auf die Nähe und den Kontakt einlässt. Dann kann Sex wie eine Opfergabe wirken, wie eine Niederlage, falls es nicht gelingt, eine Gemeinsamkeit aufzubauen, sondern nur auf das eigene Unwohlsein zu achten. Man muss sich bewusst entscheiden für eine rauschhafte Verschmelzung. Es ist keine Überwältigung mehr, sondern eine freiwillige Hingabe zur Überwältigung.

Wie kann Sexualität auf Dauer, also im Alltag und langfristig gesehen, funktionieren? Sexualität als Fest, das den Alltag unterbricht und die Mühe vergessen lässt, stellt somit auch eine Mühe dar. Denn für ein Fest muss man entweder überrascht werden oder in Stimmung sein. Auf ein Fest kann man sich auch vorbereiten. Die Antwort auf die Frage

»Wie kann Sexualität funktionieren?« liegt nicht im Verstand und im richtigen Verhalten, sondern in einer Stimmung. Ein Gedanke beeinflusst die Stimmung. Es muss gelingen, die Mühe des Alltags anders zu bewerten. Das heißt: Mühe muss kein Leid sein, sondern kann als Erfolg gesehen werden – beispielsweise nach einem Acht- bis Zwölfstundendienst im Krankenhaus denkt man, wie viel man geleistet hat und wie toll es jetzt wäre, Ruhe zu finden und nach Hause zu gehen. Diese Gedanken versetzen mich in eine Stimmung, in der ich Ruhe genieße und mir eher weniger nach Party ist.

Wie kann man auch nach einem anstrengenden Tag eine gemeinsame Zeit mit Intimität und Sex erleben? Es geht um die Stimmung, die alle daran beteiligten Menschen erleben müssen. Gelingt es also, jemandem zu vermitteln, wie verlockend süß und entspannend es ist, auch nach einem anstrengenden Tag ein Fest zu feiern, bei dem man alle Sorgen des Alltags vergessen kann, können beide sich dieser Stimmung hingeben. Unabhängig von jener Stimmung kommt es mitunter jedoch vor, dass sich zwei Menschen mit demselben Drang treffen, die unverbindlich eine Einigung erzielen und einfach Sex haben. Tritt dieser Drang nur bei einem von beiden auf, muss der Partner lernen, mit der Zurückweisung zu leben. Manche Menschen haben Schwierigkeiten, sich den Drang nach Sexualität selbst einzugestehen. Es passiert ihnen, dass sie als Schutzmechanismus eine Projektion vornehmen, wobei sie sich einbilden, das, was sie sich selbst von einem anderen Menschen wünschen, wäre eigentlich der Wunsch des Gegenübers. In so einem Fall kann sich der Partner, auf den solche Wünsche übertragen werden und der sie im Grunde ablehnt, in der Situation wiederfinden, unfreiwillige sexuelle Handlungen erfahren zu müssen, für die er anschließend auch noch beschimpft wird: »Du hast es ja so gewollt.«

Die Hauptfrage aus psychologischer Sicht besteht darin: Wovor muss man sich eigentlich schützen? Die Antwort liegt in dem Schmerz der Zurückweisung. Er muss nicht ertragen, sondern vielmehr in Harmonie aufgelöst werden. Die Umwandlung des nicht gelebten Wunsches in etwas Positives erfolgt nur, wenn man die Zurückweisung nicht als Gefahr erlebt. Gefahr deshalb, da wir wie bei jedem seelischen Vorgang eine Ablehnung der kompletten Person erfahren. So, als würde ein Musiker etwas vorspielen und keiner mag es, ist die Kränkung bei einem Menschen, der etwas möchte und zurückgewiesen wird. In beiden Fällen hängt das, was man nicht mag, von der anderen Person ab. Dieses Verständnis nimmt der Ablehnung den Charakter der Gefahr. Denn in einer Liebesbeziehung darf man davon ausgehen, gemocht zu werden – man möchte keinen Sex, weil man gerade etwas anderes im Kopf hat, und nicht, weil man den Partner nicht liebt. Die Auflösung in Harmonie ist deswegen wichtig, da der Wunsch des Partners ja nicht erkannt wird. Hierfür lohnt es sich, noch einmal auf den Begriff der Sexualität zu achten.

Sexualität noch einmal überdacht

Die Ausdrucksform von Sexualität ist eine Sonderform von Kommunikation anhand von körperlicher Nähe, die Lust mit sich bringt und einen Höhepunkt von Lust erlebt. Lust darf als solche erkannt werden. Sobald wir Stress haben, beispielsweise durch den Gedanken »Ist mein Penis zu klein?«, ist die Lust fast vergangen. Die Lust darf auch lustig sein und wir müssen lernen, Sexualität locker und lustig zu gestalten. Hierbei darf darauf hingewiesen werden, dass es für beide Partner lustig sein muss und dass es nur dann für beide lustvoll ist, wenn es für beide lustig ist. Doch was machen diejenigen, die ihren Körper eher traurig als lustig finden?

Es ist die Liebe für den Partner, die diese Trauer umwandelt, selbst wenn man nicht versteht, wie der Partner einen hässlichen Körper lieben kann. Es geht nicht um den Körper als Objekt, sondern um die Verbindung zwischen Körper, Geist und Seele. Somit lautet das Hauptproblem: Sexualität hat sowohl etwas mit der Liebe als auch mit der Seele gemeinsam. Wie die Liebe ist auch die Sexualität bedingungslos. Folglich muss man nichts tun, um liebenswert zu sein, beziehungsweise man muss nichts tun, um sexuell anziehend zu sein. In jedem Körper kann man sexuell anziehend sein, selbst wenn man nicht versteht, warum. Um Sexualität erfüllend leben zu können, muss man sich lediglich dafür entscheiden, mit welchem Partner man es wagt, sich der Lust hinzugeben. Der Reiz der Sexualität liegt unter anderem in der Hingabe und nicht ausschließlich im Körper. Die Fähigkeit, sich hinzugeben, ist Teil der Sexualität.

Die Entwicklung von Sexualität beginnt wie die der Seele (und damit die Identität) ab der Geburt. Sie setzt viel früher ein, als sie Formen findet, um ausgelebt zu werden. Daher beschäftigen sich auch Kinder mit Sexualität und vor allem mit der Frage: Was ist männlich, was ist weiblich? Jedoch bleibt im Kindesalter diese Neugierde nach dem Körper im Vordergrund und es geht nicht um eine Erfüllung im Sinne einer Befriedigung. Die Seele muss von Beginn an bedingungslos gemocht werden. Es gibt hier kein »Wenn-dann« sondern nur ein »Du bist gut, so wie du bist«.

Die Bedeutung der Bedingungslosigkeit liegt hierbei in der Freiwilligkeit. Wird in der Sexualität früher mit Formen des Ausdrucks begonnen, sprechen wir von sexuellem Missbrauch in der Kindheit. Dieser stört die Entwicklung und hängt mit Freiwilligkeit und Bedingungslosigkeit nicht zusammen. Auch im Erwachsenenalter spricht man bei einer unfreiwilligen Handlung von Vergewaltigung. Wird die Bedingungslosigkeit vergessen oder absichtlich gebrochen, ist die Seele – und damit die Identität eines Menschen – unfrei, gebrochen und verletzt. Die Entwicklung von Seele und Sexualität verläuft ähnlich und ist nicht vergleichbar mit anderen Trieben bzw. menschlichen Bedürfnissen. Nehmen wir als Beispiel den Hunger her. Es ist ganz klar, dass das Fasten ein freiwilliges Hungern darstellt, dennoch lässt sich ein erzwungener, unfreiwilliger Hunger nicht vergleichen mit einer unfreiwilligen sexuellen Handlung. Dies betrifft nämlich einen seelischen Bereich. Der Hunger mag zwar auch in der Seele wehtun, beschränkt sich jedoch auf die körperliche Schmerzebene.

Der Definition von Sexualität nach, aber auch entsprechend meiner persönlichen und beruflichen Erfahrungen besitzt die menschliche Sexualität eine seelische Eigenschaft. Die Seele hat nämlich die Aufgabe von Erkenntnis – etwas zu finden, um entweder erkannt zu werden oder etwas zu erkennen –, wobei die Seele nicht zwischen Gut und Böse unterscheiden kann. Wie die Ausdrucksformen von Sexualität stehen auch die seelischen Ausdrucksformen vor denselben Problemen:

1. Die Seele muss erkannt werden; wird auf die Seele vergessen, sieht man das; täglich melden sich seelische Bedürfnisse – man muss so erkannt werden, wie man sich selbst
sieht. Das bedeutet, man muss erkannt werden als guter
Mensch, der eine Aufgabe hat im Leben. Wird man nicht
erkannt, greift man zu Methoden, die anderen helfen, erkannt zu werden – durch Lügen, Tarnen und Täuschen
zum Beispiel –, reicher oder ärmer machen, mit dem Ziel,
liebenswerter zu wirken.

   Auf die Sexualität umgelegt: Der Drang der Sexualität wird
einen Menschen finden, mit dem sie gelebt werden kann.
Gemeinsamkeiten müssen auch hier ausgetauscht werden. Falls nicht, wird es aufgrund der nicht ausgelebten
Sexualität zu Spannungen kommen, die aufgelöst werden
müssen. Eine Möglichkeit dafür besteht darin, Kompensationshandlungen auszuführen. Hierunter versteht man
Handlungen, die stellvertretend für die Sexualität vorge-
nommen werden. Prinzipiell kann jede Handlung zur
Kompensation eines nicht ausgelebten sexuellen Bedürfnisses werden. Die Spannung aufgrund eines Bedürfnisses
lässt sich durch die Betroffenen auch auflösen, indem sie
einkaufen gehen, ein besonders großes Auto brauchen oder
viel Geld zur Machtausübung benötigen (nicht, wenn man
es hat, sondern tatsächlich, wenn man fühlt, dass man es
braucht). Kompensationshandlungen sind nicht krankhaft.
Pathologische Formen von Sexualität äußern sich durch
diverse Formen von Objektliebe oder auch Fetischismus.

2. Die Suche nach Ausdrucksformen: Wie kann ich zeigen,
wer ich bin? Im Seelischen kann dies ein Buch, ein Bild,
ein Lied, ein Tanz, eine Bewegung sein; auf die Sexualität
umgelegt: Ich finde jemanden, bei dem ich das körperli-

che Bedürfnis ausleben kann. Wenn ein Mensch in einer Beziehung immer stark sein muss und damit die Identität als »Verantwortliche(r)« hat, wird die Sexualität dort einen Weg finden, wo diese Verantwortung abgegeben werden kann.

3. Die Seele muss frei bleiben. Auf die Sexualität umgelegt bedeutet das, dass die Entscheidung zu sexuellen Ausdrucksformen und in weiterer Folge Handlungen ebenfalls frei sein muss. Wie die Seele wird jedoch auch die Sexualität vom Gewissen beeinflusst. Orientiert man sich in Bezug darauf, was beim Sex richtig ist und was falsch, an der Einteilung von Sigmund Freud, so ist hiermit die Beeinflussung durch das sogenannte Über-Ich oder Überbewusstsein gemeint. Dieses Über-Ich orientiert sich an den sozialen Normen und kann dadurch körperlichen Bedürfnissen und Wünschen im Weg stehen.

Ein Paar passt beispielsweise auf die Wohnung der Eltern der Frau auf, während diese auf Urlaub sind. Mann und Frau haben plötzlich das Bedürfnis nach Intimität und Sexualität. Es stellt sich für beide die Frage: Wo kann dieser Wunsch im Haus der Eltern bzw. Schwiegereltern ausgelebt werden? Es kann das Über-Ich eines der beiden ohne logische Erklärung darauf bestehen, nicht im Ehebett der Eltern dieses Bedürfnis auszuleben. Fragt der Partner: »Weshalb nicht?«, so ist es gar nicht klar zu beschreiben, was den Körper davon abhält, sich im Bett der Eltern wohlzufühlen. Das ist komisch, würde das Über-Ich signalisieren – anhand von körperlichen Spannungen. Objektiv betrachtet ist die Qualität des elterlichen Bettes wahrscheinlich nicht schlechter als die Qualität des eigenen Bettes. Wird jedoch gegen diese Bedenken des

Über-Ichs verstoßen, ohne jene Problematik zu besprechen, entsteht Stress im Körper des jeweiligen Menschen und die Sexualität kann zur Qual werden.

Die große Schwierigkeit liegt darin, dass Liebe eine langfristige Beziehung ist, in der die Rollen und Aufgaben zweier Menschen festgelegt sind. Unfrei oder freiwillig nimmt jeder in einer Beziehung eine Rolle ein und übernimmt hiermit verbundene Aufgaben. Kommt in dieser Liebesbeziehung ein Kind zur Welt, wird automatisch die Identität als Vater und Mutter gegeben. Eine gelingende Sexualität benötigt jedoch eine freie, bedingungslose Hingabe. Für jemanden, der sehr in seiner Identität als Vater oder Mutter beispielsweise aufgeht, ist es dann wichtig, einen Partner zu haben, der es schafft, jenen Menschen aus dieser Rolle rauszuholen, um sich freiwillig hinzugeben. Praktisch bedeuten diese Ideen: Übertrage ich als Pflegefall meiner Frau die Verantwortung für meine Pflege, erhält sie die Identität einer Pflegerin. Das macht sie freiwillig und wahrscheinlich gern, wenn sie mich liebt.

Liebe und Sexualität

Die Bedeutung von Liebe und Sexualität in einer Beziehung liegt vor allem darin, dass beide Menschen innerhalb dieser Beziehung sehr viel von sich zeigen. Der Partner weiß also nicht nur von den Vorzügen und den Vorteilen, sondern er weiß bald von allen Schwächen, Nöten und Ängsten. Es ist auch in einer platonischen Liebesbeziehung sehr leicht, den Partner zu kränken, zu beschämen und kleinzumachen, indem man auf bestehende Schwächen hinweist. Selbst wenn man nur helfen möchte, besteht die Scham bereits darin, ein Problem zu erkennen. In einer Liebesbeziehung, bei der auch Sexualität eine Rolle spielt, ist es also wichtig, dem Partner zu erlauben, auf Schwächen, Nöte oder Ängste hinzuweisen. Selbst wenn jemand keine Schwächen hat, so kann allein der Vorschlag, etwas Neues ausprobieren zu wollen, als Schwäche interpretiert werden. Je mehr wir dem Partner mitteilen, was wir wirklich mögen, desto eher geschieht es, dass das eigene Ich infrage gestellt wird. Der Umgang mit Problemen, die im Alltag auftreten, wird ähnlich sein, sollte es bei der Sexualität zu Kränkungen kommen. Ist also beispielsweise jemand beleidigt, wenn er gekränkt wird, oder verlässt er den Raum oder die Situation, so wird dies auch im Bett passieren. Möchte man also Probleme, welche die Sexualität betreffen, lösen, so hilft es, bei den Problemen des Alltags zu beginnen.

Wir sind es gewohnt, situationsabhängig zu denken. Wir beurteilen uns selbst, also wie wir reden, ob wir reden, wie wir uns bewegen, anhand von Situationen. Dort, wo wir uns sicher fühlen, nimmt der Körper eine andere Spannung an als dort, wo wir uns unsicher fühlen. Jeder versucht, Situationen zu schaffen, wo er sich wohlfühlt, oder zumindest Situationen zu vermeiden, in denen er sich unwohl fühlt. Dies ist ein erlernter Prozess, den das Gehirn steuert. Der Körper achtet auf die Signale des Gehirns, somit auf die Erkennungsmerkmale von Situationen, er reagiert jedoch aufgrund von Gefühlen. Folglich ist es möglich, sich auch wohlzufühlen, sobald man sich Situationen aussetzt, die der Verstand als unangenehm bewertet. Dies erfolgt anhand eines Entwicklungsprozesses, bei dem eine Situation anders bewertet wird.

Beispiel ohne Sexualität

Beschließt jemand, Vegetarier zu werden, passiert es unter Umständen, dass Arbeitskollegen sagen: »Zum Grillen kannst du leider nicht mehr mitkommen, denn es gibt nur Fleisch.« Dies ist eine Zurückweisung, die körperlich wehtun wird, falls man die Kollegen mag und früher gerne mitgegangen ist. Man wird sich hüten, zurückgewiesen zu werden, und den Umstand, dass man Vegetarier ist, zu verheimlichen versuchen. Erst wenn man gelernt hat, diesen Schmerz der Zurückweisung zu überwinden, kann man sagen: »Ich bringe meinen Sojaburger mit, den ich mir selber grille.« Wird die Spannung der Zurückweisung daraufhin durch ein Lächeln der Kollegen und die Feststellung »Wenn du meinst ...« aufgelöst, spricht man von einer erfolgreichen Konfliktbewältigung.

Beispiel zur Sexualität

Kommt ein Mann auf die Idee, seine Frau solle doch beim Sex ihre Strumpfhose anlassen, und diese belächelt ihn und sagt: »Sicher nicht«, kann er sich derart zurückgewiesen fühlen, dass er es nicht mehr wagt, seine Wünsche zu formulieren. Er wird die Idee auf andere Frauen projizieren. Es ist also wichtig, die Spannung der Zurückweisung aufzulösen. Er kann zu seiner Partnerin sagen: »Oh schade, denn das ist, wovon ich schon lange träume.« Erst dann kann seine Frau antworten »Na, du bist ein Spinner, schauen wir mal ...« Dann kann er charmant auflösen: »Ich bin der Spinner, den du liebst. Ich würde doch nichts machen, was du nicht willst, aber ...« Die Diskussion ist der Erfolg und nicht, wie es weitergehen wird. Natürlich kann er wieder fragen, was passieren muss, damit der Wunsch erfüllt wird. Die Zurückweisung ist jedoch durch die Diskussion beendet.

Beide Beispiele zeigen, dass unterschiedliche Situationen ähnliche Gefühle auslösen können. Zurückweisung ist Zurückweisung. Schafft man es, in Gefühlen zu denken und die Spannung, die ein Gefühl erzeugt, in Harmonie aufzulösen, ist es möglich, diesen Prozess der Umwandlung auf andere Situationen zu übertragen, beispielsweise auf Sexualität. Sobald die Spannung aufgelöst ist, wird es möglich, über die Hintergründe zu sprechen. Der Wunsch wird so noch nicht erfüllt, aber es kann eine Diskussion beginnen, die dazu führt, dass sich der Wunsch schließlich erfüllen lässt. Am Beispiel mit der Strumpfhose etwa kann die Frau argumentieren, dass sie nicht wie die Strumpfhose zu einem Lustobjekt werden möchte. Je mehr man sich traut, über die Wünsche und Sehnsüchte mit dem Partner zu sprechen, desto wahrscheinlicher ist es, dass alle Wünsche auf den Partner fixiert bleiben. Die Diskussion um Wünsche ist deshalb so wichtig, da es bedeutet, dass ein Gefühl ernst genommen wird. Wie absurd ein Wunsch auch sein mag, das Gefühl dahinter ist es nicht. Es geht um die Befriedigung des Gefühls, nicht um die Befriedigung des Wunsches. Oft jedoch wird nicht einmal der Wunsch geäußert, da ein Partner befürchtet, den anderen unter Druck zu setzen, ihm wehzutun oder ihn zu kränken.

Bedeutet Liebe, für den geliebten Menschen schwach zu werden, gilt dasselbe für die Sexualität. Es ist das Schwachwerden des anderen, das wir so schätzen. Die Sexualität als eine Möglichkeit, dem anderen zu erlauben, schwach zu werden, darf also auch beinhalten, selbst Schwäche zu zeigen. Dies ist eine Stärke. Psychologisch ausgedrückt könnte man hierfür Kontrollverlust sagen, wozu mit diesen Sätzen Mut gemacht werden soll. Es kommt jedoch auf die Gegenseitigkeit an. Jeder muss die Möglichkeit haben, für einen Moment schwach werden zu dürfen.

Sexualität und Identität

Identität hängt mit der Seele eines Menschen zusammen – damit, als der erkannt zu werden, der man ist. Für die Identität bedeutet Sexualität zweierlei. Erstens: Sex ist eine Ausdrucksform, anderen Menschen zu zeigen, was dem eigenen Körper Lust bereitet. Hier steht das Ich im Vordergrund. Die eigene Identität wird einem Du gezeigt. Die eigene Stimmung, die Vorstellungen, was alles Lust bereiten kann, werden dem Gegenüber gezeigt. Zweitens: Sex ist eine Möglichkeit, jemand anderem sehr nahe zu sein. In diesem Fall steht die Identität des Gegenübers im Vordergrund. In einer Liebesbeziehung geht man auf die Wünsche des Partners ein. Innerhalb einer Liebesbeziehung möchte man der Einzige sein, der alle Wünsche – auch alle sexuellen – des Partners erfüllen kann. In einer Beziehung ohne Liebe passiert es, dass das, was man beim jeweiligen Partner auslöst, derart genossen wird, dass es zur Sucht wird, diesen Moment zu konsumieren. Es geht nicht mehr um eine gemeinsame Stimmung, die erlebt wird, sondern darum, der eigenen Identität zu beweisen, wie toll man ist, wenn man den Wunsch nach Lust, den Drang nach Lust in jemandem befriedigen kann.

Da Sexualität eine Möglichkeit ist, zu erfahren und gezeigt zu bekommen, wer man ist, kann sie eingesetzt werden, um Bestätigung zu erlangen. Besonders Menschen, die sich

fragen, wer sie eigentlich sind, sollten diese Art von Verge-
wisserung suchen.

Sexualität – vom Drang zum Gefühl

Ein Drang drängt sich auf. Sexualität als ein Drang danach,
dem Körper durch Berührung und Kontakt, Nähe und Intimität Lust und Freude zu bereiten. Der Drang nach Sexualität
kommt einerseits psychisch – vom Gehirn gesteuert – und
andererseits körperlich – von sinnlichen Reaktionen ausge-
löst. Psychisch äußert sich der Drang in Form von Gedanken, körperlich in Form eines Gefühls, also einer Spannung
im Körper, die abgebaut werden will. Die Kombination
aus Gedanken und Gefühl kann als Stimmung bezeichnet
werden. Abgebaut wird die Spannung durch eine sexuelle
Handlung, die ohne nachzudenken erfolgt, sobald beide in
einer ähnlichen Stimmung sind. Beide spüren, was der jeweils andere mag. Das Verlangen kann dann gestillt werden. Für jemanden, der einen Fetischismus beispielsweise für
Strumpfhosen hat, wird die Spannung erst abgebaut, indem
eine Strumpfhose berührt und mit Lust behandelt wird. Es
ist dann beinahe gleichgültig, wer diese Strumpfhose trägt.
Jemand ohne Fetischismus baut die Spannung innerhalb der
Beziehung mit einer anderen Person ab. Sexuelle Handlungen beginnen – wie alle anderen Beziehungen – mit einem
Blick, einer Berührung etc. Ob ein zwischenmenschlicher
Kontakt in einen sexuellen Kontakt mündet, hängt davon
ab, welche Wünsche in die Beziehung gebracht werden be-

ziehungsweise welche Wünsche man bereit ist, zu erfüllen oder erfüllt zu bekommen.

Für den Drang gilt dasselbe wie für einen Wunsch oder ein Gefühl: Alles Nicht-Ausgelebte kann körperlich wehtun. Bevor man sich selbst wehtut, finden Menschen Wege, wie sie anderen wehtun, um die Spannung abzubauen. Wie der Drang, sich jeden Tag seelisch ausdrücken zu müssen, das heißt, so sein zu können, wie man ist, drängt sich auch die Sexualität als Kraft im Körper täglich auf. Wie ein seelisches Bedürfnis kann auch der Drang nach Sexualität ignoriert und derart verdrängt werden, dass er nicht gespürt wird. Sexuell zu sein bedeutet nicht, jeden Tag diesen körperlichen Akt von Sexualität ausleben zu müssen. Es ist lediglich wichtig, als männlich oder als weiblich zu gelten. Bleibt für die Sexualität aufgrund von harter Arbeit keine Zeit, so lässt sich dieses Bedürfnis durch männliches oder weibliches Auftreten stillen. Es geht um die Identität und um Handlungen sowie Symbole, die diese Identität stärken. Der Vergleich zwischen Seele und Sexualität bietet sich deswegen so gut an, da dieselben Kompensationsmuster gelten. Wird man beispielsweise nicht als der erkannt, der man ist, so entstehen Gedanken und Gefühle, die den Körper in eine unangenehme Stimmung versetzen. Es muss nicht einmal logisch erklärbar sein, weshalb man sich nicht wohlfühlt. Entscheidend ist die angespannte Stimmung des Körpers.

Umgibt man sich mit Menschen, die diese Stimmung nicht liebevoll auflösen können, so tragen bestimmte Mittel wie Alkohol, Drogen oder Medikamente dazu bei, der angespannten Stimmung zu entkommen. Diese Mittel ersparen das lange Nachdenken oder den Umstand, dass man etwas verändern muss. Hat man keine Zeit für Intimität und Sexualität in einer

Beziehung, so erweisen sich Mittel als wirksam, die in dieser Beziehung helfen. Pornografie beispielsweise oder Alkohol trägt dazu bei, um sich von seiner Lustlosigkeit zu befreien und sich in eine hemmungslose Stimmung zu versetzen, ohne viel nachdenken zu müssen. Auf diese Weise lässt sich der Drang ausleben, ohne das Gefühl der Liebe berücksichtigen zu müssen – wie eine Art Fahrstuhl in eine andere Stimmung, ohne den gewöhnlichen Ablauf des Alltags zu verändern. Schnell ein Filmchen schauen und ein Glas trinken, bevor man Essen und Tanzen gehen muss, um ein Gefühl zu erzeugen.

Es ist mir ein großes Anliegen, zu betonen, dass ein solches Verhalten – dieser Fahrstuhl – nicht als böse bezeichnet werden sollte. Wenn man in einer Liebesbeziehung tatsächlich keine Zeit hat und schnell diese Abkürzung nehmen möchte, spricht nichts dagegen. Eine langfristige erotische Liebesbeziehung muss sich jedoch nicht auf Sexualität beschränken, die von Alkohol und Pornografie begleitet wird. Die rauschähnliche Stimmung, welche die Befriedigung körperlicher Bedürfnisse mit sich bringt, läuft Gefahr, die Bedürfnisse des Partners nicht vollständig wahrzunehmen. Hilfsmittel, seien es nun Filme, Alkohol oder Medikamente, bieten nämlich keine Garantie dafür, dass bei beiden Partnern dieselbe Stimmung entsteht. Die Garantie für ein WIR ist also nicht gegeben.

Langzeitbeziehungen sexuell gestalten

In einer Liebesbeziehung stellt sich relativ rasch heraus, was der Partner möchte und was nicht. Das heißt aber nicht, dass der Wunsch geäußert werden kann oder berücksichtigt wird. Aus meiner Erfahrung als Psychologe wissen viele Menschen nicht, wie sie ihrem Partner mitteilen können, was sie mögen und was nicht. Besonders bei der Frage nach gelingender Sexualität überlegt man sich: Wie macht man es sich immer wieder schön, wie wirkt es nicht langweilig, sondern aufregend?

Das, was die Spannung nimmt, ist der Alltag, den wiederholte Verhaltensmuster bestimmen. Jeder weiß dann, was kommt, wie es sich anfühlt und was erwartet wird. Es ist also notwendig, dass beide aus ihrer Rolle des Alltags, aus ihrer Verantwortung für Arbeit, Haushalt oder Kinder aussteigen, wenn sie etwas Neues erleben wollen. Doch das Offensein für etwas Neues wird nicht nur von Gefühlen der Freude oder Neugierde begleitet, sondern auch von Empfindungen, die man nicht erleben möchte, wie zum Beispiel Scham, Schuld oder Aggression.

Interessanterweise ist einem theologischen Buch von Josef Pieper zu entnehmen, was der Liebesdrang nach Sexualität, also dem Eros, in einem Menschen auslöst. Darin geht es um Begeisterung und den göttlichen Wahnsinn. In diesem Zusammenhang spricht man über den Eros von Erschütterungen, die jene Spannung im menschlichen Körper auslösen. Erschütterungen werden beschrieben als starke emotionale Erfahrungen, die den Menschen die praktischen Lebenszwecke vergessen machen können. Das ist es auch, was Sexualität in uns Menschen auslöst: Wir vergessen praktische Lebenszwecke und damit auch, was wir wirklich vom Partner wollen. Wollen wir beispielsweise lediglich Freude empfinden oder auch ein Kind haben? Wenn ja, wer denkt an die Verhütung oder lässt die Erschütterung die Gedanken daran verschwinden? Der Nachteil der Erschütterung ist das Verschwinden der Rationalität. Dies ist jedoch auch gleichzeitig der Vorteil, besonders wenn man an den Stress im Leben denkt.

Wenn man also vom Stress des Alltags abschalten möchte, um Nähe oder Intimität zulassen zu können, so braucht man Begeisterung und Erschütterung. Erschüttern kann ein Geschenk, ein Liebesbrief oder Ähnliches. Es gibt auch wirklich unangenehme Erschütterungen, beispielsweise solche im Angesicht des Todes sowie jene durch die Erfahrung des Übermenschlichen oder des Eros. Auch bei den Erschütterungen gibt es ein Gut und Böse, ein Freiwillig und ein Gezwungen. Mit dem Blick auf die Pornografie kann außerdem auf die »Gefahr« der Erfahrung der Erschütterung durch den Eros hingewiesen werden. Wieder wird von dieser sogenannten Gefahr in dem theologischen Ratgeber »Begeisterung und göttlicher Wahnsinn« gesprochen. Die Gefahr besteht darin, durch die Erschütterung jemanden ohne Liebe zu begehren und zu genießen. Beginnt man dies als richtig zu erachten, so übersieht man das Bedürfnis nach Nähe und Liebe des anderen Menschen. Das ist nicht generell falsch, jedoch muss man sich bewusst machen, dass dies nicht die Norm von Sexualität sein soll, bei der sich zwei Menschen viel voneinander zeigen und dadurch verletzbar sind.

Eine gelungene Sexualität, die beinhaltet, dass die Wünsche aller Beteiligten berücksichtigt werden, braucht Zeit. Zeit, sich kennenzulernen, und Zeit, sich über Gefühle, die man erlebt, auszutauschen. Doch heutzutage ist Zeit irrelevant. Jeder ist so beschäftigt und so leicht zu beschäftigen. Sexualität beziehungsweise erotische Liebe findet nicht in einem separaten Zeitfenster statt, sondern sie kann das gesamte Leben beeinträchtigen. Das bedeutet, dass auch die erotische Liebe den Lebenserfolg behindern kann, nämlich durch die Erschütterungen, die sie auslöst und die noch lange nach dem eigentlichen sexuellen Akt wirken.

Anhand eines Fallbeispiels soll deutlich werden, wie orientierungslos Gefühle und wie hilflos diese Menschen im Alltag sind, sollten sie sich nicht an der Liebe orientieren können.

Erschütterung durch Liebe

Grund für das Aufsuchen meiner Praxis war eine emotionale Überforderung, die Frau Susanne S. bemerkte, da sich beinahe 24 Stunden am Tag Zwangsgedanken und Zwangshandlungen aneinanderreihten. Auslöser war ein junger Mann, der mit ihr ins Kino gehen wollte. Sie hatte versucht, sich mit ihm zu treffen, bekam knapp vor dem Treffpunkt eine Art Nervenzusammenbruch und landete für zwei Tage in der Psychiatrie. Die Fallgeschichte der 24-jährigen Frau S. spiegelt die Hilflosigkeit wider, Gefühle zuordnen zu können. Sie ist die ältere von zwei Geschwistern, ihr Bruder ist drei Jahre jünger. Sie kommt seit vier Jahren zur psychologischen Beratung und leidet seit früher Kindheit unter starken psychischen Problemen. Zwischen 14 und 18 war sie beinahe durchgehend in einer Psychiatrie stationär aufgenommen. Der Beschreibung zufolge war ihr Vater ein Mann, der den jüngeren Bruder stets bevorzugte und ihr gegenüber täglich betonte, sie müsse sich beweisen, nicht viel essen, bessere Leistungen bringen, ihn beziehungsweise den kleinen Bruder in Ruhe lassen – dann würde sie Liebe bekommen. Wutausbrüche von Susanne S. und ihr Versuch wegzulaufen endeten mit Schlägen und mit der Drohung seitens des Vaters: »Ich werde dich überall finden.« Die Mutter litt an einer Depression und war dem Gatten hörig. Dies zeigte sich vor allem darin, dass die Mutter dem Ehemann schilderte, was die Tochter tagsüber getan hatte und diese dafür bestraft wurde. Susanne S. war ihr Leben lang klar, dass ihr Vater immer von einem Sohn träumte und diesen mehr liebte, ihm mehr Liebe zeigte und dieser Umstand unveränderbar war. Mit der Fähigkeit der Mutter, sich von dem Mann zu trennen, erlebte Susanne S. mit 13 Jahren ein kurzes emotionales Hoch. Wie zuvor jedoch auch, suchte sie sich stets Freunde, denen sie hörig und ausgeliefert war. Nach einer kurzen Phase mit einem Freund, der Susanne S. sexuell zum Spielen ausnutzte, landete sie schließlich in der Psychiatrie. Auch hier bekam sie wenig emotionalen Halt und das Wort Liebe blieb ihr ein Fremdwort. Nach den Aufenthalten in der Psychiatrie schloss sie eine Lehre ab und arbeitet seither.

Die Mutter ist mittlerweile neu verheiratet und nicht mehr depressiv. Mutter und Tochter konnten ihr Verhältnis harmonisch gestalten, und das, was in der Vergangenheit passiert war, konnte Susanne S. ihrer Mutter verzeihen. Die Zwangsgedanken beziehen sich auf jüngere Männer oder Buben, die Zwangshandlungen ebenso. Sie ist der Meinung, dass es allen jungen Männern von Natur aus gut geht und dass sie deshalb sich Sachen ausdenke, um deren Leben zu erschweren. Dies zeige sich etwa darin, im Geschäft bei einem Mann anstoßen zu müssen, wenn dieser hinter ihr vorbeiginge, und ihn dann beschimpfen zu müssen. Oder am Parkplatz ihrer Firma verspüre sie das Bedürfnis, das Auto des gut aussehenden jüngeren Kollegen irgendwie beschädigen zu wollen. Dies kann erfolgen, indem sie die eigene Autotüre zu fest aufmache, wenn sie daneben parke, oder das andere Auto »unabsichtlich« mit einem Schlüssel zerkratze. Gleichzeitig suche sie die Nähe jener Männer. Kaum würde sie ins Kino eingeladen werden, verhalte sie sich derart kühl und würde so unsicher werden, dass sie danach ein paar Tage krank sei. Der Besuch eines Kinos sei die einzige Form von Annäherung beziehungsweise die einzige Einladung von Männern, die sie überhaupt annehmen könne. Für alle anderen Angebote sei sie von Beginn an so nervös, dass sie absage.

Dieses sowie zahlreiche andere Schicksale aus meiner Praxis, bei denen die handelnden Personen austauschbar sind mit Verwandten, Bekannten oder Schulkollegen, zeigen, dass sich keines der Gefühle orientieren kann und deswegen auch die Handlungen weder vorhersagbar noch logisch richtungweisend gesteuert werden können. Susanne S. wisse nicht, was sie wirklich wolle mit einem Mann. Natürlich träume sie von der Liebe, aber sie halte nichts vom Fortgehen, habe noch nie Sex mit jemandem gehabt, trinke keinen Alkohol und frage sich, wie sie überhaupt einen Partner kennenlernen könne. Besonders der Gedanke, woher sie wisse, dass dieser Mann sie liebe, beschäftige sie sehr.

Die Gefühle orientieren sich damit an den notwendigen sozialen Werten: Geld, Arbeit, einflussreiche Freunde. Sobald Freundschaften und Beziehungen nicht mehr funktionieren, wird diesen Faktoren die Schuld am Scheitern, die Schuld an der verlorenen Liebe gegeben. Neben dieser Schuld kommen gleichzeitig Erinnerungen an die emotionale kindliche Misshandlung auf. Solche Erinnerung wirkt quälend und der ganze Zorn darüber fließt in die Schuld. Das heißt: Es entsteht enormer Ärger darüber, zu wenig Geld zu besitzen, keine Arbeit zu haben und die falschen Leute zu kennen. Das Hauptproblem, nämlich das fehlende Vertrauen in eine Beziehung, wird dagegen nicht erkannt. Immer wieder muss man als Psychologe darauf hinweisen und die Bedingungslosigkeit von Liebe betonen. Denn Liebe und Arbeit werden als unabhängig voneinander betrachtet. Wieso hängen beide miteinander zusammen? Die Psyche kann, wie gesagt, nicht unterscheiden zwischen Arbeitszeit und Freizeit. Orientiert man sich am Liebeskompass, also an den Gefühlen, dann bestehen diese sowohl in der Arbeit als auch in der Freizeit. Ärger über die Arbeit und über zu wenig Geld entspringt derselben Haltung und Einstellung wie die Wut, die in einer Liebesbeziehung oder auch Eltern-Kind-Beziehung hochkommt, sollte man sich nicht genug geachtet fühlen. Das Problem ist, dass die Erinnerungen an die Kindheit, an die Dramen, die in den Beziehungen passiert sind, die heutigen Beziehungen beeinflussen. Vertrauen kann gar nicht aufgebaut werden, sollte man mit Misstrauen und Angst der Menschheit gegenüberstehen.

Das Ziel der psychologischen Beratung besteht darin, Mut für die Liebe zu machen, sich darüber zu freuen, anderen Menschen zu begegnen mit der Gewissheit, dass einem niemand jene Freude nehmen kann. Die große Schwierigkeit besteht darin, dass mehr Mut zu mehr Kontakt führt und dadurch auch andere Gefühle, die Angst auslösen, aufkommen können. Es könnte beispielsweise das Gefühl entstehen, dass man Mitleid verspürt für jene Menschen, die einem feindlich gesinnt sind. Doch wie geht man mit dieser Feindlichkeit um? Muss man ebenfalls dieses Problem mit jenen Menschen besprechen? Es ist wichtig, zu erkennen, dass dieser Umstand das Problem des anderen ist, und das soll es auch bleiben. So wird man fähig, Beziehungen einzugehen und sich scheinbar auf das Unkontrollierbare einzulassen, das aber trotzdem nicht zerstörerisch endet.

Im Fall von Susanne S. begann dieser Mut damit, dass sie es vor ihrer Mutter auszusprechen wagte, was sie alles denke und welche Zwangshandlungen bereits erfolgten, ohne dafür verurteilt zu werden. Die Scham über die »bösen Gedanken«

ist mittlerweile so weit abgebaut, dass ihre Zwangshandlungen deutlich zurückgegangen sind. Das Quälen der Katze nach einem stressigen Arbeitstag ist nicht mehr nötig. Der Schritt zur Liebe braucht noch mehr Mut und Zeit.

Sexualität in Langzeitbeziehungen

Eine 70-jährige, um zehn Jahre jünger wirkende und attraktive Klientin kommt wegen Angst und Panikattacken zur Beratung. Eines Tages stellt sie sich in meiner Praxis die Frage: »Wieso habe ich mich meinen Männern eigentlich nicht für fünf Minuten hingegeben, sondern oftmals die ganze Nacht gestritten und jede Berührung abgelehnt? Ja, ich hab keine Ruhe gegeben, weil ich immer um meiner selbst willen bestätigt werden wollte. Wie weit kann ich es treiben, bis er sich schleicht? So lange ausloten: Was hält er jetzt noch aus? Wie lange bleibt er bei mir?«

Es war ein Wehren gegen die Sexualität, die sie eigentlich wollte, jedoch wollte sie es der Liebe und nicht der Befriedigung wegen. Im Prinzip erreichte die Frau jedoch damit nur, dass sie betrogen wurde. Alle Partner haben sie betrogen. Es wurde sogar überlegt, ob sie das wahrscheinlich sogar erreichen wollte, um das Problem nicht bei sich zu sehen. Liebe war für sie nicht romantisch, sondern sie konzentrierte sich auf Schönheit und ihren Perfektionismus. Es stellte sich heraus, dass ihre Angst mit dem fehlenden Vertrauen zusammenhängt. Dieses Misstrauen, das von ihr ausging, bemerkte sie aber nicht, weder bei Alltagsthemen noch bei Fragen um Geld. Einzig bei dem Thema Sexualität kamen all ihre Befürchtungen in Bezug auf Nähe, Vertrauen, Liebe und Verlässlichkeit hoch.

Ziel war es, dieses Misstrauen nicht erst bei dem Thema Sexualität zu besprechen, sondern bereits viel früher, um wieder Nähe und Intimität mit Männern zulassen zu können. Der Behandlungsverlauf zeigte, dass schon sechs Monate nach Beginn der Beratung keine angstlindernden Medikamente mehr genommen werden mussten und die Frau wieder anfing, auszugehen und Männer zu treffen.

Sexualität und psychische Erkrankung

Sex erfolgreich zu leben heißt, dem Körper das zukommen zu lassen, wonach er verlangt. Das beginnt jedoch nicht beim geschlechtlichen Kontakt, sondern schon bei der Anbahnung eines Kontaktes. Dies bedeutet, dass bereits ein Blick oder eine Begrüßung Spannung im eigenen Körper aufbauen kann, die danach drängt, durch Sex mit jener Person aufgelöst zu werden. Alles, was mit dieser Person geredet wird, wie man sich ansieht, wie man sich aufeinander zu- oder voneinander wegbewegt, hängt mit dieser Spannung, dem Drang nach Sex, zusammen. Traut man sich nicht, dem Drang nachzugeben, das zu leben, wonach dem Körper ist, so wird man immer wieder in Situationen geraten, in denen unklar ist, was man eigentlich möchte und was nicht. Es entsteht eine Spannung, die nicht durch eine sexuelle Handlung gelöst werden kann, weil der Partner nicht erkennt, was gewünscht ist. Oder die Spannung wird durch eine sexuelle Handlung abgebaut, allerdings auf eine Art und Weise, die den Vorstellungen des Partners entspricht. Das passiert, wenn jemand selbst nicht klar kommunizieren kann, welche Nähe er möchte. Es erfolgt eine sexuelle Handlung, nach der man sich selbst erstaunt fragt: »Wieso gerade er / sie? Wie konnte das passieren? Das wollte ich gar nicht.«

Wer sich nicht liebenswert findet, wer glaubt, er sei zu dick, zu hässlich etc., wer also zu seinem Körper und seinem Leben nicht Ja sagen kann, dem wird es nicht möglich sein, seinem Körper zu geben, wonach er verlangt. Das bedeutet gleichzeitig, es wird ihm nicht möglich sein, Nähe zuzulassen. Gelingt es nicht, die erotische Spannung durch das Zusammenkommen mit jemandem aufzulösen, führt dies mitunter dazu, dass psychische Probleme auftreten beziehungsweise, wie Sigmund Freud meinte, neurotisch zu werden. Der Grund hierfür liegt in einem psychischen Konflikt.

Wie alle psychischen Inhalte unterliegen auch die Vorstellungen von Sexualität dem Strukturmodell nach Freud. Demnach wird jede Vorstellung von drei Ebenen überprüft: dem **Über-Ich** – als jener Instanz, die vorgibt, was erlaubt und richtig ist; hier fällt die Entscheidung: »Ja, diese Idee ist erlaubt«; dem **Ich** – jene Instanz, die entscheidet, wie ein Wunsch erfüllt wird; und dem **Es**, jene Instanz, die einen Wunsch äußert.

Die Erfüllung eines Wunsches hängt von der Gesellschaft ab, in der man sich befindet. Fühlt man sich wohl, so passt man dazu und muss nichts an sich ändern. Fühlt man sich nicht wohl, so passt man nicht dazu und es entsteht das Gefühl, man müsse etwas ändern oder etwas vorspielen, um dazuzupassen.

Während Triebe und Gefühle, ohne darüber nachdenken zu müssen, ins Unterbewusstsein verdrängt werden, kann man bei der Entwicklung des Über-Ichs, in dem Werte gespeichert sind, bewusst mitarbeiten. Das, was wir als wertvoll erachten, wird also gelernt. Das Erlernen von Werten, früher Tugenden genannt, wird und wurde als Lehre bezeichnet.

Die Lehre von der Tugend zählt »zu den Grundformen, in denen man das sittliche Tun und Sollen des Menschen systematisch zu erfassen sucht« (Herders Konversations-Lexikon, Band 6/1961). Wir lernen von Kindheit an, was angestrebt werden soll und was nicht, wie wir uns wann verhalten dürfen und wie nicht, ob ein bestimmtes Verhalten richtig war oder nicht. Dem Körper nicht zu geben, wonach er verlangt, muss nicht von einem Problem mit dem Körper herrühren, es kann genauso sein, dass man sich etwas verweigert, weil andere Werte als wichtiger erachtet werden.

Das Problem von Werten besteht darin, dass ein Wunsch aufkommen kann, der ein Gefühl auslöst, das einen davon abhält, den Wunsch zu erfüllen. Dieses Gefühl dem Wunsch gegenüber kann jedoch erlernt worden sein. Beispielsweise kann ein Mann, dem von seiner frühen Kindheit an mitgeteilt wird, Homosexualität sei krank und schlecht, sich schwieriger einem Mann annähern als jemand, der keine Angst hat, Männer und Frauen zu berühren. Für eine gelingende Sexualität ist es wichtig, sich Menschen auszusuchen, mit denen man seine Wünsche teilen kann. Während wir im Alltag zwischen Arbeitszeit und Freizeit unterscheiden, ist es für Wünsche und Gefühle nicht möglich, sich an dieser Einteilung zu orientieren. Was beispielsweise bei Kollegen und Bekannten unerwünscht ist, kann bei Freunden durchaus erwünscht sein. Nicht jede Gesellschaftsschicht kann und muss gleiche Verhaltensweisen aufzeigen. Dennoch ist es wesentlich, dass alle Menschen in einer Gesellschaft ähnliche Werte vertreten. Besonders wenn es um das Thema Sexualität geht, ist es etwa wichtig, dass alle gleich viel wert sind, dieselben Rechte und Pflichten haben, um niemandem zu schaden und keinen auszugrenzen. Das heißt: In diesem

Bereich reicht aus psychologischer Sicht ein simpler Konflikt zwischen psychischen Inhalten aus, um psychische Erkrankungen herbeizuführen, sollte er nicht gelöst werden.

Sexualität als ein intensiver körperlicher Stimmungsaustausch und Spannungsabbau ermöglicht, den Sorgen des Alltags für einen Moment zu entkommen. Für diesen Augenblick ist alles gut, selbst wenn kurz danach wieder die Leiden und Pflichten des täglichen Lebens beginnen. Nach jenem Moment, der mit Lust verbunden ist, sehnt sich jeder Mensch. Diese Lust muss nicht notwendigerweise durch Sexualität abgebaut werden, auch Sport, Kunst und Wissenschaft können die seelischen Bedürfnisse der Sexualität befriedigen. Erst wenn dem Körper Sexualität verweigert wird, lässt sich die bestehende Spannung nicht mehr abbauen. Das kann der Fall sein aufgrund von negativen Erfahrungen und fehlenden Möglichkeiten. Der Körper sucht eine andere Möglichkeit, diese Spannung abzubauen. In Abhängigkeit davon, wie gut die eigenen Bedürfnisse akzeptiert und deren Befriedigung angestrebt wird, besteht die Wahrscheinlichkeit, psychisch zu erkranken. Sowohl neurotische als auch psychotische Krankheitsformen können entstehen. Die Erkrankung zielt stets darauf ab, die Spannung einer ungelebten Sexualität auszuhalten. Eine psychische Erkrankung kann somit unbewusst und unaufgefordert die Aufgabe haben, den Drang nach Sexualität zu zügeln.

Ein Beispiel aus meiner Praxis

Peter P. ist 31, hat einen Vater, über den er sagt, von ihm nie respektiert worden zu sein. Er selbst schätzt und bewundert ihn für seine Arbeit und das, was er im Leben erreicht hat. Herr P. hat fertig studiert und hatte bisher noch nie eine Freundin. Er kommt zur psychologischen Beratung aufgrund der Tatsache, dass er an einer Depression leide und sich stark nach einer Beziehung – vor allem aber nach Sexualität – sehne. Er schaffte es, mit Frauen auszugehen und einen netten Abend zu verbringen. Jedoch behauptete er, nicht zu wissen, wie er einer Frau zeigen könne, dass er etwas von ihr wolle. Als Hauptursache sieht er hier die Konfliktbeziehung mit seinem Vater an. Dieser habe ihn nämlich immer dann, sobald er sich öffnete und sagte, wie es ihm ginge und was er sich wünsche, derart kleingemacht, beschämt und belächelt, sodass es ihm unmöglich vorkomme, jemandem zu sagen, wie er fühle. Die Tatsache, dass er außer dem sexuellen Akt sehr wohl imstande ist, soziale Beziehungen zu gestalten, das Studium abzuschließen und einer Arbeit nachzugehen, deutet darauf hin, dass die nicht gelebte Sexualität die Ursache für seine Depression ist.

In zahlreichen Sitzungen wurde mit Herrn P. geübt, wie er mit Scham umgehen kann. Es musste ihm erst bewusst werden, dass auch die Scham von ihm selbst erzeugt wird, und nicht wie in der Kindheit von seinem Vater oder heute von einer Frau, die ihn vielleicht nicht mag. Tatsächlich stellte sich Erfolg ein, indem Herr P. in seinen bisherigen Beziehungen einen kleinen Schritt weitergekommen ist. Nunmehr ist er imstande, Frauen, die er kennenlernt, zu sagen, welche Art von Beziehung er von ihnen wolle. Es wurde ihm auch möglich, eine intime Beziehung kurzfristig zu gestalten. Erstmals in seinem Leben bemerkte er, dass die Schwierigkeit bei der Anbahnung von Intimität nicht nur mit seiner Problematik zusammenhängt, sondern auch mit den Gefühlen jener Frauen, mit denen er sich trifft. Ein großer Schritt in Richtung Empathie, der die eigene Schuld und Unfähigkeit reduziert hat und damit auch die Symptome der Depression.

7. Problemzonen der Liebe

Selbst Menschen, die meinen, eine gute Beziehung zu haben und bereits lange Zeit zusammen sind, können sich plötzlich in ihrer Beziehung nicht mehr wohlfühlen. Auf einmal entsteht der Drang, sich trennen oder eine Beziehung mit jemand anderem eingehen zu wollen. Spätestens ab diesem Moment ist es wichtig, zu beachten, dass Liebe nicht nur eine Beziehung ist. Die Hauptausdrucksform von Liebe ist die Freude an einer Sache. Verliert man die Freude am Beruf, das Interesse an Hobbys, so wird automatisch auch die Liebesbeziehung an dem Verlust von Freude leiden.

Dieses Buch postuliert, dass jeder Mensch mit einer Lebensenergie ausgestattet ist, die genutzt werden muss. Beschäftigt man sich nicht JEDEN Tag damit, die Kraft des Lebens in Liebe und damit Freude umzuwandeln, so wird aus den Anstrengungen des Alltags und der Arbeit automatisch die Kraft des Leides. Um eine Beziehung lebendig und harmonisch halten zu wollen, ist es vor allem wichtig, daran zu denken. Wird auf den Umstand vergessen, sich auf die Liebe zu konzentrieren und damit an den Grund zu denken, weshalb man die Mühen des Alltags auf sich nimmt, so heißt das, plötzlich ist ein Mensch in einer Beziehung ständig schlecht gelaunt und beginnt, diese Laune auf den anderen zu übertragen. Es kann sein, dass man sich plötzlich nicht mehr wertgeschätzt und undankbar behandelt fühlt. Aus einer harmonischen Beziehung heraus entwickelt sich so von einem Tag auf den anderen eine Tragödie. Nicht, weil die Liebe nicht da ist zwischen zwei Menschen, sondern weil aus der Beziehung ein selbstverständliches Geben und Nehmen geworden ist, das nicht mehr geschätzt wird, für das man keine Achtung mehr aufbringt. Denn was nicht selbstverständlich entsteht, ist die Freude am gemeinsamen Alltag.

Wie die Wertschätzung der Mühe für eine Arbeit muss auch die Nähe in einer Beziehung wertgeschätzt werden. Wenn zwei Menschen jedoch nicht selbstverständlich eine Nähe oder eine Gemeinsamkeit entwickeln können, entsteht primär Streit. Man hat hierdurch den Eindruck, es ergebe sich keine Nähe, sondern nur eine wachsende Distanz. Fehlende Wertschätzung von Nähe holen sich viele Menschen nicht, indem sie beispielsweise sagen: »Findest du es nicht toll, dass ich so lang für uns im Büro bleibe?«, sondern vielmehr, indem sie feststellen: »Du bemerkst gar nicht mehr, wie viel ich eigentlich schufte – nur für dich!« Alles, was getan oder unterlassen wird, kann zu einem gemeinsamen Thema werden und damit zu mehr Nähe führen, wenn es beachtet wird.

Suche ich etwa mit meiner Frau ein Restaurant auf, um dort einen netten Abend zu verbringen, so wird man die Freude am Genuss, an der gemeinsamen Zeit erleben können – beim ersten Mal. Nach mehreren Abenden dieser Art wird sich Gewohnheit einstellen, die Freude zur Selbstverständlichkeit und nicht mehr als etwas Besonderes empfunden. Findet man kein gemeinsames Thema, bei dem man sich am jeweils anderen erfreuen kann, wird aus dem Restaurantabend etwas Anstrengendes. Anstrengend deshalb, weil er mit Aufwand verbunden ist, mit der Mühe des Sich-schön-Machens, des Pünktlich-Erscheinens, des Sich-für-den-anderen-Zeit-Nehmens. Bleibt das Lob für die Anstrengung aus, so wird Lob gefordert. Man merkt gar nicht, dass aus der Kraft der Liebe Leid geworden ist. Das bedeutet nicht, Begeisterung vortäuschen zu müssen, sehr wohl aber die Leistungen des anderen nicht als selbstverständlich zu nehmen.

Als Psychologe denke ich, der Grund, weshalb man leicht übersieht, dass aus der Liebe auch Leid geworden ist, liegt darin, dass wir glauben, die Liebe bestehe zwischen zwei Menschen. Sie besteht jedoch wie jedes Gefühl separat in jedem beider Menschen.

Mit dem Leid, das darin besteht, dass die Liebe zwar da ist, aber sich nicht mehr durch Freude und Respekt ausdrückt, wird unterschiedlich umgegangen. Der, dem es schlecht geht, weil das Leid kommt, sagt zum Partner: »Wir haben ein Problem, wir müssen reden.« Eigentlich hat aber nur einer ein Problem: Derjenige, der darauf vergisst, aus der Kraft des Lebens Liebe zu machen. Dann entsteht nämlich automatisch Leid. Und wie lindert man Leid? Indem Situationen geschaffen werden, die alles vergessen machen. Eine Stimmung, die einen vollkommen rausbringt aus den Sorgen des Alltags. Sexualität ist hiermit ein willkommenes Fest, eine Party, die oberflächlich zu helfen scheint. Als Erstes versucht man dem Leid zu entfliehen, indem man an diese Party denkt, ans Feiern. Doch einer Sache zu entkommen bedeutet nicht, etwas immer in Freude umwandeln zu müssen. Beispielsweise kann es passieren, Sexualität als die ultimative Möglichkeit anzusehen, um dem tristen Alltag zu entgehen. Dann verbindet man in weiterer Folge diese sexuelle Party mit Liebe, mit der Freude an jemandem. Möchte jemand nicht an so einer Party teilnehmen, kann sehr schnell die Schlussfolgerung gezogen werden, dass es an Liebe fehlt. Aber eigentlich möchte der Partner das Leid des anderen nicht durch Partystimmung auflösen. Und so nimmt die Tragödie des Beziehungsproblems ihren Lauf. Jener, der leidet, sucht jemand anderen zum Feiern und Partymachen. Die Situation ist ähnlich wie die Problematik des Verliebtseins: Es bestehen Kontrolle und Kontrollverlust gleichzeitig. Man sucht nicht absichtlich jemanden, um ein Fest zu feiern. Vielmehr erkennt man plötzlich automatisch die Gelegenheiten, in denen solch ein Fest gefeiert werden kann, um dem Leid zu entrinnen.

Damit eine Beziehung nicht solch einen Verlauf nimmt, ist es für beide Betroffene wichtig, zu wissen, dass die Verweigerung von Intimität nicht gleichzeitig das Fehlen von Liebe bedeutet. Was fehlt, ist Freude, Verbundenheit und Wertschätzung.

Eifersucht

Eifersucht ist ein Gefühl, das aus der Sucht entsteht, einzigartig sein zu wollen, und sich deshalb mit anderen zu vergleichen. Bei diesem Vergleich muss jeder schlecht abschneiden, denn jeder ist einzigartig. Das, was nicht einzigartig ist, ist der Lebensstil. Doch der eifersüchtige Mensch möchte immer der Einzige sein. Der Einzige, der zum Lachen bringt, der alles sehen darf, der alles weiß und so weiter. Aber jeder kann von mehreren Menschen zum Lachen gebracht werden, jeder kann anziehen, was er will, jeder kann mehrere Menschen mögen und sich mit mehreren Personen unterhalten. Wie jedes Gefühl kann auch die Eifersucht in jedem von uns entstehen. Das Thema Eifersucht betrifft somit jeden Menschen, unabhängig von sozialem Status, Geld und Selbstwert. Eine Liebesbeziehung einzugehen bedeutet, jemandem nahe zu sein. In einer Liebesbeziehung spürt man, dass man der Einzige ist, der dem Partner wirklich nahe ist.

Trotzdem geschieht es, dass man sich zu fürchten beginnt, den Partner und damit diese Nähe zu verlieren. Diese Furcht ist nicht nur auf Menschen übertragbar, sondern auch auf Objekte. Beispielsweise kann man sich davor fürchten, seine Lieblingsuhr herzuborgen. Nicht etwa aus Angst, sie nicht mehr zurückzubekommen, sondern aufgrund des Gedankens: »Er schmückt sich mit fremden Federn«, oder: »Der, der diese Uhr trägt, wird jetzt wertgeschätzt, wegen der Uhr. Eigentlich gehört diese Art der Wertschätzung aber mir als Uhrbesitzer und nicht ihm. In der Beziehung zu mir ist diese Wertschätzung erlaubt, aber nicht in der Beziehung zu einem anderen Menschen.«

Die Eifersucht ist eine krankhafte Form dieser Furcht, die ab dem Zeitpunkt als pathologisch zu bezeichnen ist, sobald man anfängt, krankhaft zu überlegen, ob der Partner auch außerhalb dieser Liebesbeziehung Freude erlebt. Die Eifersucht und damit der krankhafte Vergleich mit anderen Menschen ist immer unbegründet. Selbst wenn man in einer Beziehung betrogen wird, ist Eifersucht unnötig und unabhängig davon, dass man Angst hat, dies könnte noch einmal passieren. Man muss deshalb nicht eifersüchtig sein. Die Angst, noch einmal betrogen zu werden, ist nicht Eifersucht und nicht krankhaft. Die Angst kann nur durch die Sicherheit der Liebe in einer Beziehung genommen werden, die Eifersucht nicht. Eifersucht stellt ein Problem innerhalb eines Menschen dar, das von der Qualität der Beziehung unabhängig ist. Eifersucht ist das Problem eines Menschen, jedoch nicht einer Beziehung. Daher muss Eifersucht behandelt werden wie alle anderen Probleme. Man muss darüber sprechen können, ohne in Rage zu geraten. Der eifersüchtige Mensch muss lernen, dem Partner recht zu geben, wenn es darum geht, dass sein eigenes Problem besprochen und gelöst wird, nicht das der Beziehung. Eifersucht ist die Sucht, mit jemand anderem zu eifern, das heißt, vergleichend etwas besser tun zu wollen als jemand anderer. Innerhalb einer Liebesbeziehung bedeutet Eifersucht, dass man für den Partner im Vergleich zu allen anderen Menschen derjenige sein möchte, der die größte Freude, das größte Vertrauen, das beste Leben bietet. Gibt man der Eifersucht nach, führt das zum gesellschaftlichen Rückzug und letzten Endes zur Isolation.

Der eifersüchtige Mensch jedoch ist nicht nur auf andere Menschen eifersüchtig, sondern kann seine Gesinnung auch auf Haustiere und sogar auf Tätigkeiten übertragen, die Freude bereiten. Ist beispielsweise ein Mann wirklich eifersüchtig und lebt mit seiner Frau bereits zurückgezogen, und findet seine Gemahlin eine Gitarre, die ihr viel Freude bereitet, so wird es ihrem Gatten wenig gefallen, sie spielen zu hören. Denn nur er soll ihr Freude und Liebe bereiten. Eifersucht führt also dazu, dem Partner verbieten zu wollen, Freude zu erleben, sei es durch ein Hobby oder durch den Kontakt zu anderen Menschen.

So wie die Eifersucht bei jedem Menschen aufkommen kann, lässt sie sich auch bei jedem Menschen lösen. Wie bei jeder Suchterkrankung geht es um die Entscheidung, sich der Droge nicht mehr hinzugeben. Beim Eifersüchtigen ruft der Gedanke, dass ein anderer Mensch der geliebten Person auch Freude bereitet, Spannung und körperlichen Schmerz hervor. Man muss sich also den Gedanken verbieten. Sich einen Gedanken zu verbieten bedeutet, an etwas anderes zu denken. Niemand kann sagen: »Denken Sie nicht an ein blaues Pferd«, ohne gleichzeitig an ein blaues Pferd zu denken. Auch der Gedanke »Ich bin jetzt nicht mehr eifersüchtig« löst das Problem nicht. Eine Möglichkeit, die Gedanken der Eifersucht zu verändern, besteht darin, zu Beginn der problematischen Gedanken sich vorzustellen, man selbst wäre diese Person, die Freude auslöst. Es ist ein Traumkonstrukt, das man sich immer wieder vor Augen führen muss, um der Automatik der eifersüchtigen Gedanken entgegenzuwirken.

Die Mechanik der Gefühle besagt, dass man ein Gefühl nur dann loswird, wenn man es zulassen kann. Im Fall von Eifersucht ist es für den Betroffenen wirklich schwierig, diese Spannung auszuhalten und nicht in Form von Vorwürfen und Schuld auf den Partner übertragen zu wollen. Generell hilft es einem eifersüchtigen Menschen, darüber nachzudenken, was Liebe wirklich ist. Denn eine Liebesbeziehung besteht aus zwei Menschen, die sich gegenseitig fördern, öffnen und dadurch frei machen – frei von Angst, Einschränkung und jeglicher Abhängigkeit. Der eifersüchtige Mensch geht eine Beziehung ein, obwohl er nicht frei ist. Gegen dieses Gefühl der Unfreiheit wehrt er sich mit der Eifersucht. Um sie loszuwerden, muss er sein Wissen, seine Liebe dazu erweitern, wie er das Ziel der Eifersucht erreichen kann, ohne den Partner einschränken zu müssen. Das Ziel der Eifersucht ist nämlich die Erleichterung der Angst. Die Reduzierung der Angst kann nur dort erfolgen, wo sie entsteht, nämlich: im eigenen Körper. So verlockend es auch ist, einem anderen Menschen die Schuld dafür zu geben, was man fühlt, so falsch ist es. Jedes Gefühl wird im eigenen Körper erzeugt und ist auch dort zu lösen.

Ist es Liebe?

Treten in einer Beziehung Probleme auf oder wird jemand depressiv, ängstlich oder aggressiv, so fragen sich beide Menschen: »Vielleicht ist es doch nicht Liebe?« Die Frage ist deshalb relevant, da man zwischen einem Beziehungs- und einem Liebesproblem unterscheiden muss. Die erste Frage bei der Problemlösung für Liebe ist die Klärung des Ursprungs all jener Situationen, die die Liebe schwinden lassen. Die Art zu denken hängt nicht mit der Liebe zusammen, vergleichbar mit der Art, Musik zu hören. Mögen zwei Menschen dieselben Musikrichtungen, kommen sie auch über die Musik zusammen. Das bedeutet aber nicht, dass alle Menschen, die die gleiche Musik hören, sich auch lieben. Mit den Gedanken verhält es sich ähnlich. Tauscht man die gleichen Gedanken aus, fühlt es sich sehr gut an. Man fühlt sich verstanden, verbunden, gehört, beachtet, wertgeschätzt, bestätigt. Sehr verlockend, sich in jemanden zu verlieben, der ähnlich denkt oder der diese Gefühle erwidert. Auch wenn man bereits in einer Beziehung ist, benötigt man weiterhin den Austausch mit anderen Menschen, die eine Entwicklung ermöglichen – dadurch, indem sie Wertschätzung, Bestätigung, Verbundenheit vermitteln. Ein eifersüchtiger Mensch betrachtet jede Art von Zwischenmenschlichkeit, die mit Wertschätzung verbunden ist, als Gefahr. Jede auch noch so kleine, nicht von der Liebesbeziehung stammende Wertschätzung will im Keim erstickt werden.

Liebe und menschliche Grundbedürfnisse

Die Liebe beinhaltet durch das Element Freude immer auch etwas Spielerisches. Auch das Spiel ist eine in sich selbst sinnvolle Beschäftigung, man erfährt Freude, vergisst Raum und Zeit sowie körperliche Bedürfnisse. Wie bei einem Spiel braucht auch die Liebe eine Zeit der Trauer. Endet ein Spiel abrupt oder auch, weil einer gewonnen hat, so muss man sich mit dem Ende auseinandersetzen. Die Auseinandersetzung erfolgt anhand von Trauer. Die Trauerarbeit geht auf Sigmund Freud zurück und stellt eine natürliche Reaktion dar, um mit Verlust umzugehen. Eine Liebesbeziehung bedeutet, dass sich ein Ich einem anderen anschließt und deshalb jeden Tag, der gemeinsam gelebt wird, einen Kompromiss mit jenem anderen Ich eingehen muss. Dieser Kompromiss bedeutet eine Trauerreaktion. Man gibt nämlich etwas auf zugunsten einer Gemeinschaft. Diese besteht darin, eine Idee zu verfolgen, wie man den Tag gemeinsam verbringen möchte.

Zu lieben bedeutet, sich über jemanden oder etwas zu freuen und damit die Zeit jenen Menschen oder Dingen zu widmen, die einen freuen. Diese Zeit der Freude kann in anderen Beziehungen fehlen. Es kann sogar genug Zeit für die Beziehung zu sich selbst fehlen, indem man die eigenen Bedürfnisse aus Liebe zu einem Menschen zurückstellt. Zu lieben bedeutet somit auch, zu entscheiden, worauf man verzichtet. Die Gegenseitigkeit ist hierbei ausschlaggebend. Verzichtet immer nur ein Partner auf die erfreulichen Dinge des Lebens, entsteht das Gefühl, dass etwas unfair abläuft. Bezogen auf den Liebeskompass: Wird mehr gegeben, als erwartet wird, zeigt die Nadel auf Wut.

Problemzone Liebesfaulheit

»Ich möchte nicht lieblos sein, ich kann mich nur nicht jeden Abend anstrengen, dir meine Liebe zu beweisen«, sagte einst eine Klientin in meiner Praxis zu ihrem Ehemann. Das Hauptproblem dieser Situation bestand darin, dass der liebesbedürftige Ehemann Müdigkeit und Erschöpfung seiner Frau als fehlende Liebe ihm gegenüber interpretierte. Jede Art von Zurückweisung kann als Zweifel der Liebe gedeutet und somit als Vorwurf genommen werden. Wer muss hierbei an sich arbeiten – der müde oder der an sich zweifelnde Mensch? Auch hier wurden für die Lösung zunächst die Verhaltensweisen beider Partner in ihrer Beziehung zueinander betrachtet. Unter dem Aspekt des Tausches wurde gefragt: Wer gibt etwas, wer nimmt etwas?

Es zeigte sich, dass die halbtags arbeitende Frau sich auch um den Haushalt kümmerte und ein paar häusliche Angelegenheiten ihrem Ehemann übertrug. Der kam nach seinem Ganztagsjob nach Hause, konzentrierte sich aufs Abschalten von der Arbeit. Das war für ihn jedoch nicht so einfach. So kontrollierte er regelmäßig seine E-Mails und SMS-Nachrichten, um zu prüfen, ob auch nichts kurzfristig abgearbeitet werden musste. Dann konnte er abschalten und nicht gleich die Verantwortung übernehmen für die wenigen Aufgaben des Haushaltes, die seine Frau nicht erledigt hatte.

Problemzone Verantwortung

Das Problem der Verantwortung zeigt sich durch die Worte »Du bist so verantwortungslos«, »Du machst, was du willst«, »Ich muss für uns denken« und ist eigentlich ein Problem der Gemeinsamkeit. Tatsächlich gibt es stets eine Person innerhalb einer Beziehung, die sich verantwortlich fühlt für gemeinsame Tätigkeiten und Nähe. Das Problem stellt jedoch nicht die Verantwortung, sondern die Zeit dar. Jener, der sich verantwortlich fühlt, plant nämlich, was als Nächstes getan wird, und erwartet von seinem Partner, dass er mitmacht. Gemeinsam zu handeln bedeutet aber auch, gemeinsam zu planen, um gemeinsam etwas erleben, aber auch, um gemeinsam Verpflichtungen erfüllen zu können. Die fehlende Zeit für Gemeinsamkeit – und damit für Nähe – ist wichtig, damit der Partner erfährt, was sich der Verantwortliche denkt. Selbst wenn man sich lange kennt, ist es nicht möglich, die Gedanken des Partners zu lesen und sich Zeit zu nehmen. Doch Verantwortung geht einen Schritt weiter. Sie bezieht sich nicht nur auf eine gemeinsame Aktivität, sondern auf eine Einstellung.

Es ist sehr verführerisch, zu denken, dass Liebe und Verantwortung eng miteinander verbunden sind und dass das Gefühl der Verantwortung dem Partner ebenfalls guttut. Das Grundproblem der Liebe besteht darin, dass man gleichzeitig jemanden liebt, aber die Liebe doch um seiner selbst willen verschenkt. Wer verantwortungsvoll liebt, läuft somit gleichzeitig Gefahr, auf seine eigenen Bedürfnisse und sich selbst zu vergessen. Das Auf-sich-selbst-Vergessen fällt einem selbst nur sehr schwer auf, alle anderen Menschen jedoch bemerken diesen Umstand sehr rasch.

Der Umgang mit der Verantwortung ist anhand der Umwandlung von Lebenszeit in Arbeitszeit besonders deutlich. Deshalb erfolgt hier ein kurzer Exkurs von der Liebesbeziehung in eine Arbeitssituation. Seit dem Jahr 2000 arbeite ich als Psychologe in klinischen Einrichtungen. Besonders im Spitalsbereich ist es für Patienten sehr leicht, zu bemerken, ob ein Spitalsangestellter – sei es der Arzt, das Pflegepersonal, ein Psychologe – auf sich selbst vergisst. Nur wer aus Liebe arbeiten geht, kann das, was er tut, mit Liebe tun. Geht man ausschließlich arbeiten, um Geld zu verdienen oder weil man sich gezwungen dazu fühlt oder zu große Existenzängste hat, überträgt man das Gefühl des Grundes, arbeiten zu gehen, das eigentliche Arbeitsmotiv, auf den Kollegen beziehungsweise den Patienten. Das soll nicht bedeuten, dass man immer gern arbeiten geht, sehr wohl aber, dass die Grundeinstellung zur Arbeit auf Liebe basieren muss.

Auf die Liebesbeziehung umgelegt heißt das, dass derjenige, der dem Partner vorwirft: »Du bist so verantwortungslos!«, selbst auf etwas verzichtet, auf einen Teil von sich vergisst, deshalb unzufrieden ist und diesen Umstand als Vorwurf verwendet. Er sagt also eigentlich: »Ich bemühe mich, stelle mein Bedürfnis hintenan und du tust das nicht.« Es ist also wichtig, dem Partner schonungslos mitzuteilen, was man selbst für diese Nähe, für jene Beziehung aufgibt und wovon man träumt. Erst dann kann ein gemeinsamer Plan erstellt werden. Dann gibt es gemeinsame Entscheidungen. Nimmt man sich die Zeit nicht, entsteht der Eindruck, man lebe parallel nebeneinanderher, weil man dieselben Dinge tut und einem ähnlichen Tagesrhythmus nachgeht.

Man muss sich natürlich sowohl als Psychologe als auch als arbeitender Mensch fragen: Wie kommt man zu dieser Liebe für etwas, das man unter Umständen nicht mag, aber tun muss, um die eigene Existenz nicht zu zerstören? Genau hier tritt die Liebe für sich selbst auf den Plan. Es ist nicht immer lustig, den hohen Leistungsanforderungen unserer Gesellschaft entsprechen zu müssen, aber aus Liebe zu sich selbst, zu seiner Familie lohnt es sich, das, was man tun muss, mit der Liebe zu sich zu verbinden. Durch diese gedankliche Verbindung wird das, was man tut, spürbar wertvoller. Fehlt jene Verbindung mit Liebe, so wird das, was man tut, spürbar weniger wertvoll.

Doch auch Liebe ist nicht gleich Liebe. Es wird nämlich sehr wohl ein Unterschied spürbar, ob man jemandem hilft aus Liebe zum Menschen oder ob diese Hilfestellung aus Liebe zum Geld, aus Liebe zu sich selbst oder aus Liebe zu seinen Kindern / seiner Familie heraus geschieht. Die unterschiedlichen Arten der Motivation übertragen sich unbewusst auf den anderen Menschen und können auch für einen selbst unbewusst bleiben. Denn wer denkt darüber nach, weshalb man etwas gut findet? Oft genügt es, zu wissen, dass man etwas gut findet.

Beziehungsproblem oder Liebesproblem?

Als Psychologe sehe ich mich immer wieder auch mit dem Gedanken konfrontiert, was aus einer Beziehung noch werden kann, wenn einer von zwei Menschen den anderen betrogen hat oder hintergeht. Oftmals kommt als Lösungsvorschlag die Feststellung »Den will ich nie wieder sehen« oder »Die hat alles kaputt gemacht, wir trennen uns«. Es ist jedoch nicht immer klar, welche Lösung für wen ideal ist. Auf der Suche nach einer Lösung muss daher unterschieden werden: Handelt es sich bei dem Betrug um ein Problem in der Beziehung oder mangelt es an Liebe? Von außen gesehen gibt es keinen Unterschied, denn mit jemand anderem ins Bett zu gehen ist und bleibt Betrug. Von innen betrachtet empfiehlt sich die Trennung jedoch nur für all jene, bei denen ein Liebesproblem vorliegt. Bei dem Liebes-Beziehungsproblem leben, stark vereinfacht formuliert, beide Menschen in einer Lüge. In einer schönen Lüge, wohlgemerkt, die prinzipiell nicht verurteilt werden darf. Die Hauptaufgabe dieser Lüge besteht darin, emotionale und soziale Sicherheit zu geben. Solange beide Menschen jene Sicherheit brauchen, funktioniert die Beziehung.

Die gewünschte Ehe

Ein Mann kommt gemeinsam mit seiner Frau zu mir in die Praxis. Die beiden sind seit wenigen Monaten verheiratet. Zuvor bestand die Beziehung aus mehreren Phasen der Trennung und des Wieder-zusammen-Findens über einen Zeitraum von vier Jahren. Die Gemeinsamkeit der beiden in Hinblick auf die Ehe bestand aus dem Bedürfnis, sich geborgen zu fühlen. Die Geborgenheit suchten beide, vor allem aufgrund der stressigen beruflichen Situation. Sie litten unter dem mangelnden Rückhalt in den Familien sowie dem starken Wunsch der Schwiegereltern nach Enkelkindern. Das Hauptproblem bestand darin, dass beide ihre Sexualität im Alltag nicht erfüllend ausleben konnten, sondern nur im Streit oder nach Partys mit Alkohol. Bei den Auseinandersetzungen machte der Mann deutlich, mehr Sexualität haben zu wollen als die Frau. Aus diesem Grund konnten sich die Eheleute nicht einigen und ließen sich nach etwa zehn Sitzungen scheiden.

Aus psychologischer Sicht schien diese Trennung dennoch ein Erfolg zu sein, denn beide begriffen, dass sie eine Beziehung nur deshalb eingingen, um ihr Bedürfnis nach Geborgenheit zu stillen und nicht, weil sie den anderen Menschen liebten. Beide erkannten im jeweils anderen einen einsamen, verlorenen Menschen und dachten, diese Gemeinsamkeit wäre eine ideale Basis für eine Familie. Der Erfolg der Betreuung bestand vor allem darin, dass die Schuldfrage gelöst wurde und ein respektvoller Umgang und eine emotional leichte Trennung vollzogen werden konnte. Und das, obwohl sich in den letzten Monaten der Ehe starke Kränkungen und Beleidigungen zugetragen haben.

Liebe allein genügt nicht

Eine Beziehung soll alles gleichzeitig bieten: den Alltag, die Langeweile, den Stress und die Spannung, das Prickeln der Erotik und Intimität. Wie schafft man es, das ganze Leben darauf auszurichten, sodass alles bestehen bleibt? Genügt es nicht, den anderen zu lieben und dann auf die Karriere, Hobbys und das eigene Glück zu achten? Wenn zwei Menschen sich endlich gefunden haben, sich lieben und beschließen, zusammen zu leben, so müssen sich beide jeden Tag neu fragen, was sie sich vom jeweils anderen täglich erhoffen. Solange man etwas vom anderen erhofft – nicht erwartet! –, bleibt die Liebe. »*Hoffentlich* kommt sie früher nach Hause, *hoffentlich* bringt sie mir Blumen, *hoffentlich* trägt er heute die kurze Hose, *hoffentlich* küsst er mich heute, *hoffentlich* merkt er nicht, wo ich war ...« – all das sind Hoffnungen mit dem Ziel, dass die Verbindung mit dem anderen bestehen bleibt. Diese Hoffnung bestimmt alles: Verhalten, Stimmlage, Bewegungen, Erzählungen, was den Tag über passiert ist, Träume etc.

Unter dem Begriff Liebe verstehen wir idealerweise eine einzige Beziehung, die alle Hoffnungen erfüllt. Alles, was ich mir wünsche, soll mit dem Partner, den ich liebe, gelebt werden können. Je inniger und größer die Liebe ist, desto deutlicher wird einem bewusst, dass es gar nicht so sehr um alles im Leben geht. Lege ich beispielsweise Wert auf gutes Essen und klassische Musik, so suche ich einen Menschen, mit dem ich diese Werte teilen kann. Liebe ich jemanden aber wirklich und ertrage seine oder ihre Art von Musik nicht, so weiß ich, Musik ist nicht alles. Der andere soll hören, was er will, ich liebe ihn trotzdem weiter. Jedoch wann, wo und mit wem mein Partner diese andere Musik hört, bleibt weiterhin wichtig. Gemeinsame Werte und Interessen oder auch das Gegenteil, das Aufgeben von gemeinsamen Werten, schaffen mehr Nähe in der Beziehung. Und genau das ist es, was eine Liebesbeziehung braucht: die Möglichkeit, dem geliebten Menschen nahe zu sein. Es wird sich also das gesamte Leben, der komplette Alltag ändern müssen, um eine Liebesbeziehung langfristig aufrechtzuerhalten, damit kein anderer Mensch Hoffnungsträger meiner Wünsche wird.

8. Leben, lieben, sterben

Die Liebe ist jene Grundstimmung, an der sich alle Gefühle orientieren und deren Hauptausdrucksform die Freude ist. Die Liebe ist es zugleich, die das Leben mit dem Sterben verbindet. Beziehungsweise ist es das Sterben, der Tod, welcher der Liebe ihre Bedeutung gibt. Es ist nicht der Tod, der dem Leben die Bedeutung gibt, denn man kann auch leben, ohne zu lieben. Aber lohnt sich das? In dieser Frage liegt der Wert der Liebe für das Leben. Hier wird noch einmal deutlich, dass es nicht nötig ist, zwischen unterschiedlichen Arten von Liebe zu differenzieren. Trotzdem wirkt es auf den ersten Blick makaber, beängstigend und auch faszinierend, wenn die Liebe mit dem Tod in Verbindung gebracht wird. Die Beschäftigung mit dem Tod stellt alles Tun und alles Sein infrage. Wozu sich bemühen, wo doch alles vergänglich ist? Wozu lieben, wenn man von vornherein weiß, dass man die geliebte Person eines Tages wahrscheinlich vermissen wird? Die Verbindung zwischen Lieben und Tod ist somit gleichzeitig die Frage nach der Verbindung von Leben und Tod. Das bedeutet auch, von Erleben und Tod. Die Antwort auf die Frage »Was möchten wir erleben, bevor wir sterben?« liegt darin, womit wir uns beschäftigen. Der Tod ist unausweichlich und es ist gerade deshalb fraglich, weshalb man diesbezüglich eine liebende Beschäftigung mit dem Tod an sich anstreben soll.

Einfacher und vor allem weniger dramatisch ist ein pragmatischer Ansatz. Der kann lauten: Wir alle werden sterben und bis dahin will ich leben. Dieser Ansatz lässt das Thema Tod jedoch ausblenden und ermöglicht nicht eine intensive Auseinandersetzung damit. Die Verbindung von Liebe und Tod bedeutet vielmehr, trotz der Akzeptanz des biologischen Endes etwas zu beginnen. Es stellt damit den Wert dessen, was man tut, in ein anderes Licht. Wenn ich pragmatisch sage: »Ich möchte jeden Morgen neben einer Frau aufwachen«, so ist der Wert einer Tätigkeit / eines Planes ein vollkommen anderer, verglichen zu einem liebenden Ansatz: »Ich möchte jeden Morgen neben derselben Frau aufwachen.« Kann man sich überhaupt aussuchen, womit man sich im wahrsten Sinne des Wortes beschäftigen möchte und womit nicht?

Als Beispiel möchte ich mein eigenes Leben heranziehen. Möchte ich, als behinderter Mensch, mich tatsächlich viel mit dem Thema Behinderung auseinandersetzen? Sollte die Antwort »Nein« lauten, so kann ich mir mein Thema aussuchen, selbst wenn der Rest der Welt meint, ich müsste zuerst auf die Behinderung achten, um anschließend etwas erleben zu können. Das bedeutet, zuerst ein Problem, das die Behinderung mit sich bringt, lösen, ehe es möglich wird, etwas zu genießen und zu erleben. Zunächst müsse die Arbeit beziehungsweise die Ausbildung geklärt werden, zuerst muss man sich gesund ernähren …

Die Liebe funktioniert anders, die muss nicht warten auf das Lösen von Problemen. In meinem Fall beispielsweise steht fest, dass die Behinderung so sicher ist wie der Tod. Viele Leute leben, ohne an den Tod zu denken, oder wenn, dann fürchten sie sich nur davor. Hierdurch kann auch die Bedeutung, wirklich leben zu wollen, in Vergessenheit geraten. Man kann auch leben und sich vor den Folgen einer Behinderung fürchten, so wie man sich vor dem Tod fürchtet. Die Frage: »Was ist behindert?«, ist genauso schwer zu beantworten wie jene: »Was ist Tod?« Wer also an den Tod denken kann, kommt automatisch auf die Frage: »Was will ich bis dahin erleben?« Denn all diese Fragen erübrigen sich. Das Problem des Todes kann man nur lebendig lösen. So kann auch ich mit der Behinderung umgehen. Das Problem der Behinderung kann man nur unbehindert im Sinne von unbeeindruckt davon lösen.

Ein Tag in meinem Leben, mit meiner Frau, meinen Kindern, Hunden, Hasen, Hühnern, soll zeigen, wie wichtig die Liebe ist und wie unwichtig alles rundherum:

Ist heute Schule? Ich will schon aufstehen. Nein, die anderen schlafen noch. Wie spät ist null-fünf-null-acht? Ich will einen Kakao. Au, lass mich! Mama, mein Bruder hat mich gehaut – stimmt gar nicht – stimmt doch. Stimmt nicht und lass mich jetzt, du blöde Kuh. Ich will jetzt aufstehen. Aaahhh, nein, das war ich nicht – o ja, das warst du – o nein, das war ich nicht. Mama, sie stinkt, Mama, sie stinkt, Popokaka, Popokaka, ha, ha, ha, ha, ha, nein, das ist eh nicht lustig. Hau, hau, hau, o nein, das bin ich nicht. Na gut, dann geh ich halt allein. Im Klo ist es aber noch finster. Hallo, ich habe Angst allein. Danke, jetzt bin ich auch wach. Papa, haben Rehe Schwänze? Haben auch Reh-Frauen ein Geweih? Das weißt du doch. Ich habe von einem Reh geträumt, und ich von einem Hai, ich von einem Monster. Na toll, jetzt bin ich auch wach. Papa, sag, der soll leise sein. Ich will auch einen Kakao. Ja, ich hab schon Zähne geputzt, ich auch, nein, er hat noch nicht. Doch, hab ich – nein, hat er nicht – doch – nein – o ja – o nein – o jaaaa! Nein, draußen ist es kalt. Na gut, aber die Haube mag ich nicht. Papa, schau, der hat seine Haube abgesetzt. Schau, da, ein Hase. Wo?, Na geh, ich habe ihn nicht gesehen. Ich war mit der Schule im Museum, da war auch ein Hase. Ihr seid sooo gemein, mit euch macht das Leben keinen Spaß. Ich sehe nie einen Hasen und alle anderen schon. Ah ja, ich komme – nein, ich will nach Hause, wieso gehen wir immer so lange? Mir ist so heiß! Ich komme ja eh. He, wartet! Ich habe »wartet« gesagt! Wieso bin immer ich der Letzte? Wieso darf er immer Erster sein? Nein, ich komme nicht. Na gut, aber keiner redet mit mir.

Nein, das sind nicht meine Schuh'. Ich gehe basteln. Papa, da ist Kleber, aber ich war das nicht. O ja, ich war das nicht. Ha, ha, schau, wie das da klebt! Nein, ich war das nicht, hab ich gesagt. Na gut, dann leg ich das eben weg. Mama, die hat alles runtergeschmissen. Papa, schau jetzt, ich will dir meine Bilder zeigen. Das ist das erste, das ist ein Gewitter mit einer alten Frau, das ist nur Krixi-Kraxi, Papa, und jetzt male ich etwas anderes … I love my life … Bussi Baby, Papa, kann ich noch ein Lied hören? Bitte, ich will noch eins. Nein, das will ich nicht, das bitte noch einmal … Bussi Baby … Na gut, ich komme essen, aber ich esse keinen Käse. Nein, ich habe das schon hergetragen. Lass das stehen, das ist mein Glas! He, das ist mein Glas! Bäh, das esse ich nicht. Bäh, das stinkt. Da macht das Kochen gleich viel mehr Spaß! Der Hund soll das nicht essen! Gib die Hände auf den Tisch. Der Hund liebt *mich, weil der liebt Wurst. Willst du wohl aufhören? Ich bin fertig! Ich auch, ich stehe jetzt auf, mir reicht's. Na gut, aber beeil dich bitte.*

Ja, ich war schon Zähne putzen. Ich auch, aber sie noch nicht. Ich will allein am Klo sein. Mach die Tür zu, lass mich in Ruh'! Na gut, dann darf sie bei mir liegen. Liest du mir noch was vor? Nur noch eine kurze Geschichte. Danke, gute Nacht, Mama, gute Nacht, Papa, hab euch lieb.

Hallo Schatz, na, wie geht's? Ja, mir auch, aber es lohnt sich. Wir wollten ja so viele Kinder. Ja, ich weiß. Na, gute Nacht, ja, ich liebe dich auch.

Es ist also gar nicht so notwendig, sich mit den Dingen auseinanderzusetzen, von denen wir glauben, man müsste es tun. Die Liebe ist die Verbindung zwischen Leben und Lebendigkeit. So etwas wie der Klebstoff zwischen zwei Themen, der alles, was er verbindet, relativiert. Das heißt: Das, was man tut, wird verbunden mit einem Gefühl, das als »gut« bewertet wird, und nicht notwendigerweise als angenehm empfunden, aber als »gut«. Die Liebe fungiert hierdurch wie ein positiver Geschmacksträger für Gefühle. Bezogen auf meinen Alltag bedeutet das: Nichts weiß man hier von dem Problem, nicht gehen zu können, von Stress am Arbeitsplatz und von anderen Belastungen, die der Alltag sonst mit sich bringt. Diese Gedanken kommen jedoch nur, wenn man der Liebe folgt.

So wie die Beschäftigung mit einem Thema ausschließlich davon abhängt, wie sehr man das Thema liebt, wie viel Freude und Interesse man für ein Thema aufbringen kann, hängt das Leben generell mit der Frage zusammen, wie viel Freude es bereitet. Für all jene Menschen etwa, die es nicht schaffen, Liebe für das Thema Mathematik zu entwickeln, wird dieses Fachgebiet mit Beendigung der Schulzeit tatsächlich gestorben sein. Stirbt das Interesse für ein einziges Thema, so wird man trotzdem auch viel Freude im Leben an anderen Themen haben. Entwickelt man jedoch nur mehr eine Liebe für den Erfolg, so reduziert sich die Freude auf das, was man erreicht hat. Man kann die Liebe auch auf eine Beziehung reduzieren.

Wird man älter oder krank, so beschränkt sich die Liebe tatsächlich bloß noch auf die Beschäftigung mit einem Menschen. Das Thema Liebe wird plötzlich nur mehr eine Beziehungsfrage. Jemand, der in so einer Situation keinen Partner hat, steht plötzlich mit dem Gefühl auf: »Ich bin allein und habe nichts, das mir Freude bereitet.« Das Gefühl der Liebe kann nicht mehr empfunden werden, außer es geht um einen anderen Menschen. Damit werden auch die Freude, weiterleben zu wollen, und der Sinn und Grund an eine Person gebunden. Es ist daher wichtig, die Liebe auch in einer Beziehung als ein breiteres Feld und als etwas Größeres zu betrachten als lediglich die Beziehung. Das bedeutet, dass man auch in einer Beziehung Freude und Interesse für alles, was diese Welt bietet, entwickeln muss.

Jeder Mensch findet sich in der Situation wieder, einmal mit dem Ende seines Lebens konfrontiert zu sein. Wenn man es schafft, die Liebe auf vielen Interessengebieten, auf Hobbys, für die Arbeit und nicht für den Erfolg zu entwickeln und sich zu erhalten, dann ist man mit der Tragödie konfrontiert, dass der Partner stirbt, aber nicht die Liebe. Die Erschütterung im Angesicht des Todes beziehungsweise mit modernen Worten ausgedrückt: der Schock, den dieses Ereignis mit sich bringt, kann sinnvoll trauernd verarbeitet und ertragen werden, wenn das Thema Liebe im Leben präsent war.

Als Psychologe kann ich immer nur von den Beobachtungen und Erfahrungen ausgehen, die ich mit jenen Menschen gemacht habe, die hinterblieben sind. Es kann dann ein Trauerprozess einsetzen, der sinnvoll wirkt, weil er sich mit jenen Themen beschäftigt, die dem Leben Inhalt gegeben haben und weiterhin geben können. Keiner kann sich aussuchen, ob er geboren wird und ob er stirbt. Das Einzige, das wir beeinflussen können, ist das Ausmaß der Liebe und damit, wie wir leben und mit wie viel Freude, Interesse und Vertrauen wir dieses Leben verlassen.

Rezept für die große Liebe

Zu lieben bedeutet, sich zu freuen. Es gibt kein Gefühl, vor dem man sich fürchten muss und das die Grundstimmung der Freude trüben kann. Wer sich freut, kann es sich erlauben, nett zu anderen Menschen zu sein. Die Liebe ist demnach keine Schwäche, die dazu führt, von anderen Menschen ausgenutzt, lächerlich gemacht oder abgelehnt zu werden. Man kann lieben und trotzdem die Distanz zu anderen Menschen wahren. Dies betrifft sowohl die emotionale als auch die geografische Distanz. Die Liebe benötigt nicht notwendigerweise eine Beziehung, man kann auch eine Tätigkeit und Dinge lieben. Dennoch ist es wichtig, sich zu fragen: »Wie verhalte ich mich, wenn ich mit meiner großen Liebe harmonisch leben möchte?«

Das Rezept für die große Liebe

1. *Finde heraus, was dich interessiert:* Damit dir nicht langweilig wird und du beginnst, dich für jemand anderen zu interessieren.

2. *Versuche nicht, die anderen zu verstehen – aber trotzdem zu respektieren:* Damit die Beziehung offen bleibt und es nicht »zwei gegen alle anderen« sind.

3. *Trau dich, Beziehungen einzugehen:* Arbeiten, Taxifahren, Freizeit – überall gehen wir Beziehungen ein. Die Grenzen sollen klar sein, Eifersucht schränkt nur ein und reduziert das Leben.

4. *Alle Beziehungen bedeuten Liebe, nur wenige sind mit Sex verbunden:* Es ist wichtig, Liebe und Sex voneinander zu trennen, also die Liebe nicht vom Sex abhängig zu machen. Sexualität geht nur gemeinsam.

5. *Überlege, wer dich auch liebt:* Hänge dein Herz nicht an einen Menschen, der nicht genug Liebe für dich empfindet.

6. *Trau dich, diese Liebesbeziehungen vor dem Rest der Welt zu verteidigen:* Damit du die Abende auch mit deinem Mann / deiner Frau verbringst und nicht mit Freunden oder Eltern.

7. *Alltag ist keine Krankheit:* Damit Unzufriedenheit und Frust nicht als Liebesproblem deklariert werden, sondern als Chance, gemeinsam etwas zu verändern.

8. *Keine Angst vor Gefühlen, sondern erkenne, was sie dir sagen wollen:* Damit du bekommst, was du brauchst, und dich ein Streit nicht aus der Bahn wirft.

Georg Fraberger

Wie werde ich Ich
Zwischen Körper, Verstand und Herz

ISBN 978 3 7017 3404 7

Wir werden dazu erzogen, gleichzeitig frei zu sein und das zu tun, was andere von uns wollen. Eine Beziehung, also ein WIR, besteht aus zumindest zwei ICH. Doch woher weiß man, dass man sich für das richtige WIR entscheidet? In Sachen Arbeit, Liebe und Freizeit orientieren wir uns immer daran, was sich gut anfühlt oder gesund wirkt. Aber wer hat nun recht: Körper, Verstand oder Herz? Wie werde ich Ich und wer bin ich? Der Bestsellerautor Georg Fraberger zeigt anhand von Fallbeispielen aus seiner beruflichen Praxis auf, wie man seine Bedürfnisse in harmonischem Gleichklang mit sich selbst und der Gesellschaft leben kann.